How Children Learn Language

〔美〕威廉姆·奥格雷迪（William O'Grady）/ 著

李茁 / 译

北京大学出版社
PEKING UNIVERSITY PRESS

北京市版权局著作权合同登记　图字：01-2009-7096
图书在版编目(CIP)数据

孩子如何学英语／(美)奥格雷迪(O'Grady, W.)著；李茁译．—北京：北京大学出版社，2012.1
ISBN 978-7-301-19841-4

Ⅰ.①孩… Ⅱ.①奥… ②李… Ⅲ.①英语-儿童教育-教学参考资料 Ⅳ.①H31

中国版本图书馆 CIP 数据核字(2011)第 252262 号

HOW CHILDREN LEARN LANGUAGE
CAMBRIDGE UNIVERSITY PRESS
© William O'Grady 2005

This publication is in copyright. Subject to statutory exception and to the provisions of relevant collective licensing agreements, no reproduction of any part may take place without the written permission of Cambridge University Press.

First published 2005
Fifth printing 2008

中文简体版由北京大学出版社出版。

书　　　名：	孩子如何学英语
著作责任者：	〔美〕威廉姆·奥格雷迪　著
译　　　者：	李　茁
责 任 编 辑：	季春莲
标 准 书 号：	ISBN 978-7-301-19841-4/G·3272
出 版 发 行：	北京大学出版社
地　　　址：	北京市海淀区成府路205号　100871
网　　　址：	http://www.pup.cn
电　　　话：	邮购部 62752015　发行部 62750672　编辑部 62750673 出版部 62750673
电 子 邮 箱：	weidf02@sina.com
印　刷　者：	北京飞达印刷有限责任公司
经　销　者：	新华书店
	880毫米×1230毫米　A5开本　9印张　199千字 2012年1月第1版　2012年1月第1次印刷
定　　　价：	25.00元

未经许可，不得以任何方式复制或抄袭本书之部分或全部内容。
版权所有，侵权必究
举报电话：010-62752024　电子邮箱：fd@pup.pku.edu.cn

前　　言

　　孩子们在 3 岁左右就能掌握几千个词汇,能说出并理解比较复杂的句子,读音也很准确。对他们来说,掌握这些本领要比学会系鞋带要容易得多。

　　孩子们是怎样做到的? 他们怎么能学得快速又准确,甚至超过了极具天分的成人呢?

　　在《孩子如何学英语》这本书中,奥格雷迪教授用生动、通俗易懂的语言及实验方法,向家长及老师们揭示了孩子们学习语言过程中的秘密。《孩子如何学英语》是"剑桥语言学方法"系列丛书之一。丛书突破了传统狭隘的语言学研究方法,将各个孤立的语言学分支领域有效地连接起来。通过形象地描述这一领域中关键问题的研究进展,向读者展现了丰富多彩的语言层面。

译者的话

在当今中国,英语学习的重要性已经被年轻的家长们普遍接受,有些家长选择双语幼儿园,在幼儿期竭力为孩子提供英语学习的环境,不愿让孩子输在起跑线上。然而,孩子学习语言、掌握交流技能的规律是怎样的?为什么孩子还没有学会系鞋带,但已经能够流利地与我们交流?读完此书后,我才从语言学的角度了解孩子语言习得的规律与特点,真正地了解了其中的奥妙,并决心将它翻译成中文,让更多的中国家长从中获益。

威廉姆·奥格雷迪是美国夏威夷大学语言学教授,主要从事语法理论、语言习得理论的研究。在他的《句法搭建》一书中,奥格雷迪教授详细地阐述了众多核心语法形成的最初原因,是为了降低工作时的交流负担、提高工作效率。在《孩子如何学英语》中,奥格雷迪教授阐述了孩子对词素、词汇、语法结构掌握的不同阶段,为家长以及教师了解孩子英语习得提供了大量的参考资料。

如今我的女儿也已经4岁了,先生和我都是"留英派",也都很重视女儿的语言培养。翻译此书除了家人的支持外,我还要感谢杨书澜老师、季春莲老师以及北京大学出版社,使得这本书能够得以出版,欢迎广大读者的批评指正。

译者

2011 年 12 月

目　　录

第一章　牙牙学语　／1
　　声音、词汇和句子　／3
　　101 种方法　／5
　　本书内容　／7

第二章　寻找重点词　／8
　　1．词汇在哪里？　／10
　　2．孩子如何找到词　／13
　　3．学习变形　／22
　　4．制造单词　／30

第三章　这是什么意思？　／46
　　1．第一含义　／46
　　2．不够与太多了　／52

3. 快速定位 / 58

4. 交流工具——孩子怎样学习名词 / 60

5. 学习动词 / 70

6. 学习形容词 / 78

7. 学习介词 / 84

8. 学习代词:我和你 / 89

第四章 单词站一排 / 93

1. 开始阶段 / 93

2. 关键单词 / 100

3. 将句子成分连起来 / 103

4. 重要部分缺失 / 106

5. 小部分缺失 / 108

6. 学会说"不" / 113

7. 我,我(宾格)和我的 / 118

8. 谁？什么？在哪儿？ / 121

9. 一般疑问句(是/不是 问句) / 127

10. 其他结构 / 132

小结 / 136

第五章 句子的含义 / 138

1. 一个词的作用 / 138

2. 两个比一个好 / 142

3. 被动语态句子 / 145

4. 理解不存在的事物 / 150

5. 理解代词 / 160

6．代词与故事　／166

　　7．你能数清楚吗？　／169

第六章　开口说话　／175

　　1．一只耳朵听语言　／176

　　2．能听见吗？　／178

　　3．牙牙学语（儿语）　／181

　　4．早期的元音和辅音　／184

　　5．调整　／186

　　6．重音很重要　／193

第七章　他们是如何做到的？　／198

　　1．为什么这不是模仿？　／199

　　2．为什么不能教会？　／203

　　3．孩子需要什么？　／215

　　4．都在大脑中　／220

　　5．寻找语言习得工具　／223

　　6．学会学习　／233

　　7．结束语　／240

附录1　坚持写日记和录音的研究方法　／242

　　如何计算MLU（有效话语）　／248

附录2　英语发音　／250

　　辅音　／251

　　元音音素　／252

参考文献　／253

索引　／273

第一章
牙牙学语

要不是专门学习某个新词,没人把说话当回事。然而,随着社会发展的日新月异,人们常常忽略正确的发音,听不出语音之间的差异。当今社会太多新词汇涌现出来,几天前刚刚听到的词,转眼就被人们遗忘。人们在表达时经常词不达意,也无法了解别人的想法,这都归结于话说得太快了。

然而,当看到年仅3岁的小姑娘可以轻松自如地与人交谈时,我们会感到既羡慕又惊讶。这么小的孩子还不会系扣子、不会跳绳、画不出圆圈,甚至吃饭的时候还把食物弄得到处都是。即使这样,还穿着纸尿裤的孩子也能够分清几千个单词的含义、读音以及如何在句子中使用(目前为止,我在整段文字中都是用了"她",好像只有女孩子才学习英语似的。由于英语中并没有一个可以同时指代"他或她"的单词,我只能交替使用这两个人称代词。因此在本书的章节中,我会轮流使用"她"和"他")。

孩子如何学英语

尽管孩子学习英语很有天赋,但也有一些奇怪的限制。比如,孩子们擅长学习语言,但却不清楚什么该说、什么不该说①:

——3 岁的儿子指着秃顶爸爸的长胡须说:"爸爸,你的头发滑下来了吗?"(Daddy, did your hair slip?)

——当妈妈告诉 3 岁的女儿不能买那件昂贵的礼物时,小女孩这样问妈妈:"你为什么不赚值钱的钱呢?"(Why don't you get some expensive money?)

——6 岁的女孩看到葬礼上的鲜花时,问:"我希望我们认识的人死去,这样我们就可以把鲜花送给他们了。"(I wish someone we knew would die so we could leave them flowers.)

——幼儿园孩子在编写一个故事,内容是如果你是只浣熊,你该怎么办:"如果我是只浣熊,我会把农场主的尸体吃掉。"(If I was a raccoon, I would eat the farmer's corpse.)

——当幼儿园老师告诉孩子,如果要去洗手间,要举起两个手指。孩子们奇怪:"这有什么用?"(How will that help?)

这些例子反映出"童言"是多么可爱、有趣。在这些"童言"中,孩子们只是错误地理解了那些基本事物,例如胡须、金钱、浣熊、死亡以及在幼儿园上厕所等。而这些例子并没包括如读音不准确、词不达意、语法错误等错误,而这些错误也往往容易被人们忽略。

---

① 从 https://www.rinkworks.com/said/kidquotes.shtml 节选的例子。

上面的例子中最有趣的是,孩子除了能够天真地理解周围的世界,他们还能将数十句话进行对比。在不了解任何定义的前提下,学会成千上万的单词,而且能够表达并听懂相当复杂的句子。这就是语言习得的神秘所在。为什么孩子在语言学习方面这么有天赋,而其他方面却做得一团糟呢?

声音、词汇和句子

对于家长来说,孩子能够与自己交流是整个学习过程中最重要、最激动人心的事。在这个过程中重要的因素是什么?或者孩子是如何学会说英语的?

大多数的孩子在 8 个月至 1 岁的时候开始说话,有些孩子 1 岁 3 个月大时就可以说 10 个单词。学习的进度越来越快。1 岁半大的孩子每天能学会 1 到 2 个新词,4 岁的孩子每天能学会 12 个,而 7 岁的孩子能掌握 20 个之多(除去睡觉时间外,平均每小时掌握不止 1 个新词)。

孩子们是如何做到的呢?成人在说话时,词语之间没有明显的停顿,但孩子们如何清楚地掌握词语之间的衔接呢?他们如何学会在复数名词后加后缀(-s),在过去时态后面加过去式符号(-ed)呢?为什么他们说话时会犯些错误,比如 eated 和 goed?为什么他们还会说"I can scissor it"我能剪刀(剪开)它;或者"I sharped them"我磨光他们了?

对于孩子来说,没有含义的词汇就像是一个空壳子,没有任何实际意义。首次接触一个单词,孩子们会很快掌握这个单词的含义。例如,当孩子看到有一匹马在跑,同时听见妈妈说"马",她不会认为这个单词指马的颜色、马腿或者马奔跑的动作,而是立刻将"马"这个词跟动物联系在一起。这是为什么呢?

有含义的单词是句子的组成部分,也是主要信息的承载体。大多数的孩子在1岁半到2岁时已掌握了50个单词,并开始造句子。开始时只是两个词的句子,例如"Mommy here"(妈咪这儿),"That mine"(那个我的)。随后造的句子就像发电报,但缺失了一些类似"the"(定冠词)或"is"(是)之类的词,例如"That a green one"(那(是)绿的);"Mommy drop dish"(妈咪掉(那个)盘子)。

到了3岁,孩子已经形成基本的句型模式,所造的句子可以和成人媲美,例如"I didn't know that one stands up that way, Does that one get a button?"(我不知道人可以这么站着,难道?)[①]等等诸如此类的句子。孩子这么小,他们如何掌握造句的关键技能呢?

当孩子开始接触句子含义时,他们面临着一系列的难题。比如,一个孩子只会说一或两个单词时,怎么才能将自己的想法表达清楚?在"The car was bumped by the truck"(小汽车被卡车撞了)和"The car bumped the truck"(小汽车撞了卡车)两句话中,单词"car,bump和truck"的排列顺序是一样的,孩子又是如何区别这两句话之间的差异呢?他们又如何区别"The doll is easy to see."(很容易看见娃娃)和"The doll can see well"(娃娃视力很好)两句含义完全不同的话呢?

此外,孩子又如何区分其他语音呢(例如成人梦呓)?同样,她又如何发音,并将语言组织在一起形成连贯的音节和词语?在孩子牙牙学语的过程中,她要应对什么样的问题?孩子在学会独立

---

① 3岁半的莎拉所说的话。

说话以前,自己是否已经创造了所有人类语言的声音?

所有的疑问最终归结为一个问题:孩子如何学习语言?每次当我被问及这个问题,我只能简单而诚实地回答说:我也渴望得到答案。事实上我们还无法了解孩子们怎样学会说话(英语),就跟我们无法解释宇宙如何运转,恐龙是如何消失的,以及人类为何无法活到 200 岁一样。

但这并不意味着我们对孩子学习语言的过程将一无所知。相反,近 30 年来的科学研究取得了许多重要的、振奋人心的成果,揭示了语言习得的规律。这本书将着重阐述这些科研成果,为不从事语言认知专业的科研人员、学生以及家长提供参考依据。

101 种方法

研究儿童语言基本上有两种方式,一种叫做"实验式",这种方式指通过不同实验的实验方法研究儿童语言习得。本书中所指的实验与传统观点不同。传统观点认为有些实验需要在实验室或采用特殊的设备完成,而这里所涉及的实验不需要这些装备。

人们通过实验来检验一种观点。好的实验通常都设计得独特、简洁,并且通俗易懂。在随后的章节中,我们将有机会了解世界上最有名的实验及其结果,进而了解我们的孩子和他们的语言。

另一种研究儿童语言的方式为"自然式",这种方式主要基于对儿童每天日常生活中语言表达现象的观察。这两种方式都被普遍采用。

研究者还要坚持写日记。在孩子刚刚开始学习说话的几个月中,要记下她发出的每个音,或者至少每个新的发音(如果对写日记的方法感兴趣,请参考本附录1中的指导手册)。

然而,孩子到了2岁就会变得特别能说,到那时家长就不可能记下她所说的每句话了。这时,写日记的主要目的是为了记录那些更特别的语言现象,比如代词的使用"My did it."(我做的。应该是 I did it.)或者重复使用动词过去时态"I ranned away"(我跑了。应该是 I ran away);其他方面的进展需要则使用另外的研究技术来跟踪了。

由于孩子变得越来越爱说话,语言习得研究者经常将孩子与人交流时的对话录下来,以获得自然的研究数据,这种录制频率为差不多每两周录制1个小时(目前研究者不再单单使用语言录制装备,而采用图像录制方法。这不仅仅为研究者提供了孩子所说的内容,而且还反映出他们当时在做什么、在看什么、使用什么手势等等)。研究者对这些数据进行转换加以分析,这些语言样本就像"影集"一样,记录着孩子英语学习过程中的里程碑似的进步。

感谢近30年来众多研究者所付出的努力。他们为我们提供了非常重要的语言转换数据,而且适用于英语及其他不同的语言。家长们可登录 http://www.childes.psy.cmu.edu/使用儿童语言数据转换系统(或简称 CHILDES)(如果打算自己也进行语言记录和数据转换,可参考附录1中的一些基本要素)。

在后面的章节中,我们将会讨论研究儿童语言方面观察式和实验式研究方法。每种方法对解决特定问题都具有独特的适用性和局限性。接下来,家长将会接触到大量使用两种研究方式进行研究的案例。

第一章
牙牙学语

本书内容

为了更好地规划要讨论的问题,我们将语言研究划分为几个部分,其中包括声音、词汇、句子、含义等等。在接下来的章节中,我们将对这些内容逐一进行阐述。由于孩子学习语言并不是按照书中的顺序(先学会发言,接着学词汇、学句子和含义),必须承认这样安排或许有些不符合实际情况。

实际上,孩子在掌握一种语言的所有发音之前,就已经开始学习词汇和含义了。通常情况下,孩子在掌握几十个词汇后就开始造句子。因此,孩子在学习发音、词汇、含义和句子方面并没有十分清晰的时间划分。但如果我们将各个方面分解开并逐一研究,这将使了解儿童语言习得过程容易得多。

在下个章节中,我们首先从孩子如何识别并学习词汇谈起。但如果家长对孩子如何学习含义或句子更感兴趣,也可以直接跳到相关的章节。每个章节可独立阅读。衷心地希望每个章节都能激发家长继续探寻孩子语言习得过程的兴趣。

在开始之前,我还想特别提醒那些孩子年龄较小的家长。当谈及语言习得时,我们指的是所有孩子的发展规律。但每个孩子的认知过程和速度都不尽相同。除了那些罕见的示例外,这些差别大多取决于孩子愉悦的心情,而不是他们的注意力。孩子需要人们关注他们说话、同他们交流。除此之外,孩子自己会表现得非常好,而不需要别人来教。因此,我们只要观察和聆听就好——精彩即将上演。

第二章
寻找重点词

几乎在所有的文化中,孩子的第一个生日都特别值得庆祝,因为它代表生存与成长。这时候,孩子开始长乳牙,能吃固体食物,而且开始颤巍巍地学走路了。

他们的思维也在发展——他们能追踪成人凝视的方向,对一些手势(如指向什么)很敏感,而且在跟成人互动时,也开始注意成人所关注的东西。与此同时,孩子也开始了他们的语言认知历程。

孩子发出的第一个词对他自己和父母来说,都是生命历程中的里程碑。大多数孩子是在 1 岁左右时发出第一个词的,时间前后相差几周。通常,孩子在 1 岁 3 个月大时可以说 10 个词,1 岁半或 1 岁 7 个月大时能说 50 个词。

的确,全世界的孩子最先说出的是指代"妈妈"和"爸爸"的词,而且孩子在掌握发音时得到了很多帮助。在第六章里我们可以了解到,有些词汇的读音很简单,例如"mama, papa, dada"(妈妈、爸爸),这些词是由简单的读音所组成的音节,孩子可以自然而然地说出来。事实上,在孩子出生后 2 周到 5 个月大时,家长就可以从他的发音中察觉出"mama"(妈妈)一词的发音,而且这种发音带有一种"需求"的含义(希望被抱起来、想吃东西等等)。

听到孩子发出这种声音,父母能很快帮助孩子定位词汇的含义:mama 指妈妈;papa 或 dada 指爸爸。孩子们似乎也很听话,很快就掌握了"正确"使用这些词汇的方法(但在乔治安娜州,情况却截然不同。那里的人使用一种高加索山脉地区苏联国家的语言。据说,在那里"mama"指的是爸爸)。

孩子最初学习词汇的速度很慢,差不多每周才能学会一个新词。但当孩子掌握了 50 个词汇以后(通常是 1 岁半大左右),掌握词汇的速度就开始加快。这时候我们会发现,词汇像泉水一般从孩子口中"喷涌"而出,每天掌握词汇的频率大约是 1 或 2 个新词。

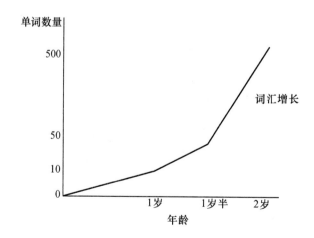

对于有些孩子来说,他们需要掌握 100 以上的词汇后,才会出现词汇"喷涌"的现象。而且有 1/3 的孩子处于一种平稳的学习状

态,或有轻微的进步,但并没有出现突如其来的大跃进式的进步(尽管很多语言学家坚信词汇"喷涌"现象,但也有人说那只是一个神话)。

随着年龄的不断增长,孩子学习单词的速度也不断加快,2—6岁的孩子平均每天学会 10 个单词。6 岁时,孩子已经掌握 14000 个单词,而且接下来的几年中,孩子学习新词的速度达到每天 20 个(如果你在学习另外一种语言,也试着在一天内掌握 20 个新词)。中学毕业生的词汇量达到了 60000 个。

```
1岁半          每天10个词    6岁      每天20个词              18岁
├─────────────────┼─────────────────────────────────────┤
50单词                    14000单词                    60000单词
```

1. 词汇在哪里?

人们在说话时,通常不会在词与词之间做停顿。大多数句子听起来都很连贯。如果你不相信,就听一段你不熟悉的语言,你会很快发现词汇之间都是联系在一起的。

这种现象可以帮助你想象孩子在学习英语时遇到的困难。孩子必须将由一连串发音组成的句子分解成一段段的词汇,比如"Wewatchedthedoggiesrun"(We watched the doggies run. 我们看见小狗跑了)。分解成 doggies,run 或者类似过去时态、名词复数等复合词。语言学家把这一过程称作"分解"。

为了使孩子容易接受,我们有时会仅仅使用 1 个单词进行表达:例如我们指某样东西,嘴里说"牛奶",或者举着一勺食物说"张开"(张开嘴)。但人们这么做的频率并没有我们想象中那么高,因为一个单词句子在成人与孩子对话中的比例仅占10%—20%。

孩子学习英语的过程始终都向前进步的,他们尽可能捕捉能听到的话语及单词。然而,他们能捕捉到的往往都是一些单一的词,但有时也能抓住一些稍长的短句,比如"What's that?"("那是什么?"被孩子们读成 whadat)或是"give me"("给我"被读成 gimme)。

对于1岁左右的孩子来说,他在学习英语过程中所遇到的障碍,与一位成年人在陌生的国家旅游时所遇到的麻烦一样,不胜枚举(去过意大利的人们也许记得"Arrivederci"在意大利语中表示"再见",但多数人都不知道这个单词是由五个不同含义的单词元素组成的(until reseeing you. 意思是"直到再次遇见你")。

我们用一个简单的测试来检验,是否应该将一句话看做多个单词的组合还是不包含任何内在成分的完整单位:如果孩子认为一句话是由多个单词组成的,那么这些单词还会以各种方式(单独或与别的词合并在一起)出现。这就像成人说话一样,我们以"What's that?"(那是什么)为例,这三个词都可以用在其他的句子中。

但在孩子的语言里,情况就不同了。一句话的不同部分好像被焊在一起似的,无法显示出各自可以被独立使用的状态。

另一些迹象还表明,孩子会复制整个句子。例如,当 2 岁的阿达姆表达想坐在大人腿上时,他经常会说"坐我膝盖";当他想被抱起来时,也会说"我抱你"。很显然,阿达姆在重复大人对他说过的这两句话,而且好像没有意识到句子的组成部分及其含义。

下面的句子展示了不同的成分错误,那些是阿达姆 2 岁 4 个月至 3 岁时所说的话:

> It's fell. 它(是)倒了。
> It's has wheels. 它(是)有轮子。
> There it's goes. 它(是)去那儿了。

这些错误告诉我们,当阿达姆听到类似 It's Daddy(这是爸爸)和 It's hot.(很热)的句子时,他肯定错误地分析了 It's 的使用方法。人们都知道 It's 是由单词 it(它,指物品)和 is(系动词)组成的,但阿达姆认为 It's 是一个词。因此,就像例句中所展示的那样,他就像大人们在句中使用 it 一样使用 It's。

两种学习方式

有些孩子天生就具有超强的找词能力。目前有两种学习英语的方式:"分析方式",侧重从一开始将整句话分解成多个最小的部分。孩子们在早期的语言学习时就采用这种方式,说出一些简短的、读音清晰的单词句。他们喜欢叫人(爸爸,妈妈)、叫物(小猫、汽车),并且用简单的词语表述自己的感受和需求,例如 up(向上)、hot(热)、hungry(饿)。

而另一些孩子却使用截然不同的方式。他们通过记忆,说出一些相对较长的句子(通常读不清楚)。这些话通常与成人所说的完整句中的词相对应。

孩子的话	含义
Whasdat?	What's that? 那是什么
Dunno	I don't know 我不知道
Donwanna	I don't want to 我不想……
Gimmedat	Give me that 给我那个
Awgone	All gone 都没了
Lookadat	look at that 看那个

这种学习方式被称作"完全形态"(Gestalt)。"完全形态"是德语词汇,表示形状。它经常被心理学家用来表示事物整体的模式。

在对比"分析"及"完全形态"两种学习模式时,我们应当采用坐标轴的方式。因为没有孩子只会使用其中某一种方式,而坐标轴可以展示出采用两种方式的趋式。

谁能够通过坐标轴解释孩子选择学习模式的趋式:偏向"完全形态"或"分析"方式?下一章中讨论孩子早期语言的含义时,我们也许能够回答这个问题。目前重要的是:两种方式在孩子语言学习过程中所发挥的作用是相同的,因此没有必要探求孩子究竟该采用哪种方式进行学习。

2. 孩子如何找到词

孩子们擅于将混乱的语句分解成短小、容易掌控的部分。在一个实验中,研究者给几个 8 个月大的婴儿听了两分钟的话语录

音,其中包括下面列出的完全无序排列的音节:

> Dapikutiladotupirogolabu... dapikutupirotiladogolabu... tupirodapikutiladogolabu

两分钟后,实验者跟这群孩子玩三个音节的词汇游戏。有的词汇是实验者新编的,有的则出现在录音中,比如"tupiro"(而且还出现了3次)!

实验者惊奇地发现,相比新编的词汇,婴儿更倾向对录音里出现过的音节做出反应。因为当出现这些词汇时,婴儿会转头表示关注。由此得知,婴儿在某种程度上能够从快速混乱的录音中辨别出某些音节。

要将现实的句子分解成较小的部分,孩子需要掌握哪些线索和策略(比如词汇、前缀、后缀)?对孩子们来说,单词就像一种普通的轮廓,存在于语言的声音模式中。只要多接触这些轮廓,就会慢慢掌握。

英语语言轮廓最显著的特征就是词汇重音——有些音节的发音要比其他音节突出。试着大声朗读下面的句子,看看你是否找出句中词汇的重音。

> The bird might land on the fence. 鸟可能停在栅栏上。

你也许注意到了,有些词需要重读(如鸟、停、栅栏),而有些词则不需要。

> The BIRD might LAND on the FENCE. 大写字母单词表示需要重读

这个简单的例子揭示了英语的一个普遍趋势：名词和动词的音节中至少有一个要重读，其他词汇（如定冠词 the，might 以及 on）则不需要。

聚光灯

安·皮特斯（Ann Peters）和斯文德·思创克韦斯特（Svend Stromqvist）曾经做过一个非常生动的比喻：将单词的重音比作吸引孩子注意的"聚光灯"，能够帮助孩子掌握音节发音。

> **聚光灯策略**
> 注意那些需要重读的音节。

其他的研究成果也表示，聚光灯不仅可以找出需要重读的音节，还能够找到某种重读方式。

英语名词中非常普遍的重读方式为，一个重读音节紧接着一个非重读音节（被称为"强弱"模式，诗人称其为扬抑格律）比如 BAby 婴儿，DOCtor 医生，CANdle 蜡烛，DOGgie 小狗等等（英语中也包含弱强模式的单词，比如 giRAFFE 长颈鹿，guiTAR 吉他，adVICE 意见，但这些词相对较少）。

彼得·朱思科（Peter Jusczyk）与同事共同发表的最新研究报告表示，孩子很小的时候就掌握了强弱模式的单词：9 个月大的婴儿聆听强弱模式的单词时间,比听其他模式单词的时间要长(当听到某种声音,婴儿会将头转过去,由此可以判断他们什么时候失去兴趣,停止聆听声音)。

在另一系列实验中,朱思科和同事为 7 个半月大的孩子安排了难度更大的任务。首先,孩子们先听一段 45 秒的文字,里面包括强弱形式的单词,比如"HAMlet"。

> Your hamlet lies just over the hill. Far away from here near the sea is an old hamlet. People from the hamlet like to fish. Another hamlet is in the country. People from that hamlet really like to farm. They grow so much that theirs is a very big hamlet.
>
> 你的村庄坐落在山的那边。靠近海边的遥远地方还有一个古老的村庄。那里的居民喜欢捕鱼。王国里还有一个村庄,那里的人们非常喜欢种地,他们种了好多庄稼,使这里变成了一个非常大的村庄。

接着,孩子们听到几组重复的词,有些单词在上面的段落中出现过(如村庄),有些是新词(如王国)。

实验者对孩子将头转向录音机扬声器的时间进行比较,发现当孩子听段落中所出现的词汇时,其转头时间大大超过听到那些新词。这个发现让人十分震惊,特别是 7 个月大的孩子不可能熟悉"村庄"这样的词。

从上面的实验中,我们能否确定孩子们所关注的就是强弱模式的单词?他们也许仅仅是被这些词里的重读音节所吸引?我们认为这都不可能,因为听完"村庄故事"后孩子们并没有对"ham"

这个词感兴趣,而只是被"hamlet"这个词所吸引。

那么,是否无论单词重音在哪儿,孩子们都会对双音节的词感兴趣呢?事实并非如此。当听完下面那段话,孩子们并没有对"吉他(guiTAR,重音在后)"这类词有太大反应。

> The man put away his old guitar. Your guitar is in the studio. That red guitar is brand new. The pink guitar is mine. Give the girl the plain guitar. Her guitar is too fancy.
>
> 那个人把那把旧吉他处理了。你的吉他在摄影室里。那把红吉他是新的。粉色的吉他是我的。给女孩那把简单的吉他。她的吉他好怪。

很明显,孩子们的关注点都集中在强弱重音模式的单词上。

另一种聚光灯集中在辅音音节组合上,大多指单词之间的停顿。例如,在英语中两个词的连接处连读辅音音节"ng-t"(比如 *wrong time* 错误时间),而不是指一个单词内的发音。相反,连续辅音音节"ng-k"就多存在于一个单词中(如 tinker 焊补匠,这里字母 n 读 ng)。

在另一个著名的实验中,研究者给 9 个月大的婴儿听两串毫无意义的单词。第一组单词是两词连接处连读辅音音节组成(例如 no**ng-t**uth),另一组是由同一单词内辅音音节组合组成(例如 no**ng-k**uth)。

ng-t 第一组合大多在词与词之间	ng-k 第二组合大多在词中
nong tuth	nong kuth
chong tudge	chong kudge
poing tuv	poing kuv
zeng tuth	zeng kuth
vung tudge	vung kudge
goong tuv	goong kuv

实验结果证明,孩子们关注双音节强弱模式单词的时间比较长(辅音音节组合在同一单词内出现的单词)。

然而,如果在第二组单词的读音中插入半秒钟的停顿时,孩子有开始趋向更关注第一组的单词(两词连接处辅音音节连读)。

由此可以看出,婴儿们开始注意两词之间的辅音音节和一个单词内连续的辅音音节。而这些都发生在他们自己开口说话之前。

然而,另外一种聚光灯集中在句子结尾处的单词。实验证明,当2岁左右的孩子听到"找到狗(Find the dog.)"时,反应正确率要超过听到"帮我找到狗(Find the dog for me.)"。单词"狗(dog)"在第一句处于结尾处,而在第二句中处于中间部分。

而且,家长潜意识里也注意到孩子对词汇位置的敏感。在讲事实验中,妈妈经常将新词放在句子末尾,其频率为75%。而与成人说话时,这种做法仅为53%。

配对

随着孩子所掌握词汇量的不断增加,另一种有效的语言学习方法——"配对法"开始发挥作用。

> **配对法**
> 人们将话语中的指代某件事物的词汇及其他成分与自己已经掌握的词汇搭配起来。

让我们举例来说明"配对法"是如何发挥作用的。孩子已经学会了"狗"(doggie),当听到妈妈说话中提到"大狗"(bigdoggie)时,他会将这个词与记忆中的词配成对。

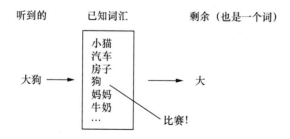

由于"大狗"(bigdoggie)的后半部词"狗"(doggie)与孩子已知的词汇匹配,孩子便知道"狗"(doggie)和"大"(big)都是单词。

另外，孩子事物的定义及提出的问题，也体现了"配对法"的使用。下面是达蒙在 2—3 岁时所说的话：

> 1. 风挡（玻璃），因为风会吹到玻璃上，所以叫风挡玻璃（Windshield！）。
> 2. 蛋酒来自鸡蛋（eggnog）！
> 3. 你知道为什么叫它高脚椅吗？因为它很高（highchair）。
> 4. 一只花大姐，就像个"大姑娘"（lady-bug）。
> 5. 玉米片里有玉米吗（"corn flakes"）？
> 6. 伊芙，你知道在跑道上干嘛吗？你在上面跑是因为它是"跑"字开头的（"run"跑；"runways"跑道）。
> 7. （在 Safeway 超市"里）在这里就安全吗？因为这里是"安全通道"，所以在这儿就不会感冒。①
> 8. 你知道什么是头灯吗？就是从你的脑袋里射出来的灯（"headlights"）！

达蒙注意到"风挡"中的"风"（windshield）、"蛋酒"中的"蛋"（eggnog）、"高脚椅中"的"高"（highchair），由此可见"配对法"在他语言中所发挥的作用。当然，这些配对中有一些不太准确（头灯不是脑袋里射出来的灯），但这些错误也证明配对法在语言分割过程中的重要性。

有时"配对法"也会导致过度分割——孩子们找到的不是完整

---

① Safeway，美国超市名称。孩子错误理解为"安全通道"。

的单词。最常见的例子就是动词"表现好"(behave)。

"表现好"(behave)中的"be"听上去就像"乖乖的"(be good)中的"be",所以当孩子们听到妈妈说"我不在的时候你要好好表现"时,他们就会错误地认为是"have"和"good"一样,是独立的词。因此,他们会说"I'm hayve"(错误表达法,应该是 I will behave)。像说"我很好(I am good)"一样。

相似的错误还出现在使用以"s"结尾的词汇,"s"结尾词与名词复数经常被混淆。2 岁的阿珀瑞欧将"box"(盒子)读成"bok"、"clothes"(衣服)读成"clo"、"sentence"(句子)读成"sentent",都缺少了"s"读音。

阿珀瑞欧读音中缺少"s"的分析表

词汇	阿珀瑞欧"独特"表达法
盒子 box	bok
镜头 lens	len
秋千 trapeze	trappy
衣服 clothes	clo
圣诞老人 Santa Claus	Santa Clau
句子 sentence	sentent
楼上 upstairs	upstair

通常情况下,将句子分成几部分将有助于孩子们掌握更多的单词,读懂词与词之间的衔接。但即便是年龄大一些的孩子也会犯错误。高中教师艾莫尔·格林向我们展示了一系列学生们在作业中犯的错误,其中最有代表性的是:

> 1957年尤金·奥尼尔获得了"小母鸡惊喜"。In 1957 Eugene O'Neill won a Pullet Surprise.

如果大声朗读这个句子,你就会发现实际上学生想表达的意思是:1957年尤金·奥尼尔获得了"普利策奖"(Pulitzer Prize)。

对于孩子来说,辨别句子中的词只是构建自己语言体系的第一步。他还必须了解词的含义(第二章中会谈到),这些词如何发音(第六章会谈到)。此外,他还要知道如何表示名词的复数形式以及过去时态。孩子还要学会创造新词来表述新的事物和环境。

3. 学习变形

变形指一个词的不同形式,英语中单词通过变形来表达不同的重要信息。两个最典型的例子就是,英语中的名词复数和动词过去时态。在名词的末尾处加-s后缀以表示多数,而在动词后加-ed后缀则表示动词的过去式(稍后我们讨论不规则动词变化形式)。通过观察孩子们如何掌握这两种变形,可以获得他们学习语言的信息。

复数后缀-s

我们如何辨别出孩子是否掌握了英语名词复数的变化规律呢?仅仅听到孩子说"dogs"(名词"狗"的复数)是远远不够的。他也许把"dogs"当成了和"people"(人们)一样的集合名词,也许认为-s后缀只在少数名词后表示复数(例如牛"ox"的复数为"oxen")。或许他就是简单地记住了这个词的读音,而不是真正掌握了这一语法规律。

20世纪50年代,简·博库进行了一项著名的实验,来研究孩子对复数名词的掌握。在这个实验中,她要求孩子给一些编造的词加上复数形式。博库解释说,如果孩子能够为从未接触过的单词加上复数,那么就说明他们已经掌握了这一语法规律。

让我们来看看实验是怎么进行的。首先孩子们看到了一幅图片,上面画着一个可爱的小动物叫"wug"。接着研究者给孩子们看了另一幅图片,上面画着两个可爱的"wug",并且对孩子们说:"这还有一幅图片,上面有两个……"。

这是一个WUG

这还有一个WUG
现在有两个_____

有两组孩子参与了这个被称为"wug"的实验:其中一组孩子为学龄前(4—5岁);另一组孩子为小学一年级(5岁至7岁半)。

从下表中的结果可以发现,两组孩子都能很好的完成虚线以上的单词。他们甚至知道复数后缀"-s"什么时候应该读"s",什么时候应该读"z"。

"wug"实验回答正确率

杜撰单词	学龄前	一年级
Wug	76%	97%
Heaf	79%	80%
Lun	68%	92%
Tor	73%	90%
Cra	58%	86%
Tass	28%	39%
Gutch	28%	38%
Kash	25%	36%
Nizz	14%	33%

令人奇怪的是,对于虚线以下的单词,两组孩子表现都不好,他们仅仅简单地重复这些单词的单数形式。为什么会这样呢?

如果仔细听虚线以下单词复数的发音,你就会发现一个非常有趣的现象。这些词的复数发音不是简单的"-s"而是"-es",发/iz/。

一些以/s/、/z/、/ch/、/j/或/sh/读音结尾的单词,其复数读音都是/iz/。其他名词大多都已"-s"后缀来表示复数形式,但特殊变化单词除外(例如孩子"children"和人们"men")。

以-es 为复数结尾的单词	以-s 为复数结尾的单词
Glass 水杯	cat 猫
Buzz 嗡嗡叫	dog 狗
Lunch 午餐	back 后面
Judge 法官	map 地图
Ash 灰尘	finger 手指

对于熟悉的单词,7岁以上的孩子就知道何时该使用"-es"来

表示复数(当问到"glass"(玻璃杯)时,他们能做出正确的回答——"glasses")。但当遇到以"-s"结尾的单词,孩子们好像没有掌握用"-es"为后缀表示复数的规律。这么简单的实验就反映出如此重要的发现。

动词过去式-ed

尽管大多数的动词都是以"-ed"结尾表示过去时态,但还有几十个动词属于不规则变化(例如吃"eat/ate"、去"go/went"、睡觉"sleep/slept"、跑"run/ran"、来"come/came"、站"stand/stood")。与学龄前孩子接触过的人就会发现,孩子经常错误地表达动词的过去式,例如 eated、goed、sleeped、runned、comed。很显然,不规则变化的动词是孩子掌握动词语法的难点。

以动词"去"(go)为例,孩子在掌握"去"的不规则动词变化的顺序如下:

> 例句:爸爸去上班。Daddy went to work.
>
> 第一步　孩子使用动词原形表达过去时态:Daddy go to work.
>
> 第二步　孩子开始偶尔使用"去"的过去式"went":Daddy went to work.
>
> 第三步　孩子自己创造"超规则"过去时态"goed":Daddy goed to work.
>
> 第四步　几个月后孩子不再使用"goed"而开始掌握"went":Daddy went to work.

21

这个经典的例子在心理学中被称作"U型"学习。这是因为孩子们在学习过程曲线呈"U"字：最初的正确指导使孩子能够正确使用不规则动词变化，曲线的位置较高；但在中间过程中，由于经常使用"-ed"结尾的动词过去式，使得曲线下滑；最后当孩子掌握了不规则动词变化，曲线再次升高。

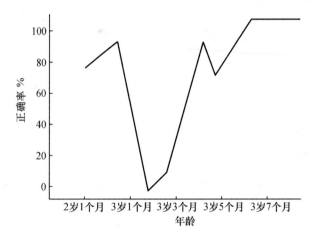

然而，最近语言学家开始质疑这幅曲线图的权威性。

不规则动词

1992年格瑞·马克思带领一些研究者发表了一份详尽的研究报告，展示儿童使用过去式的情况。令人吃惊的是，他们发现孩子们在使用动词过去式时，似乎并不是经常犯错。事实上，2—5岁的孩子错误使用动词过去时态的频率平均仅为10%。而且被研究的孩子中，错误率在25%以上的不到80人。甚至孩子们还会意识到自己犯了错：

> 大人：妈妈在哪？Where's Mommy?
> 孩子：妈妈去商店了。Mommy goed to the store.
> 大人：妈妈去商店了？Mommy goed to the store?
> 孩子：不，(有点烦躁)爸爸，我这么说，你别说。No! Daddy, I say it that way, not you.
> 大人：妈妈去商店了？Mommy wented to the store?
> 孩子：不！NO!
> 大人：妈妈去商店了。Mommy went to the store.
> 孩子：对，妈妈去……去商店了。That's right. Mommy wennn... Mommy goed to the store.

马克思和他的同事发现，孩子们能很快地学会动词过去时态变化(规则和不规则)。孩子们很早就知道在规则动词后加"-ed"表示过去时态，比如走路 walk/walked、跳 jump/jumped 等等。而且，他们还意识到遇见不规则动词时要采用特殊变化形式(比如跑 run/ran、吃 eat/ate)。

动词过去时态的两种模式

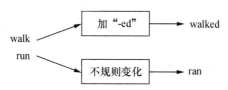

刚刚开始学说话的孩子经常会混淆两种不同的模式，比如从一种模式开始却采用另一种模式结束，结果就是"超规则变化"例如 run(跑)变成"runned"。

两种模式混淆

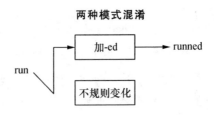

有时孩子们还会混用两种模式——先用不规则变化模式,再使用规则变化模式,结果就是 wented 或者 ranned。

混用两种模式

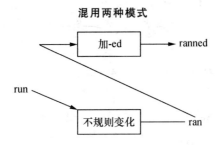

有时,孩子在使用不规则动词过去式时还会受到其他不规则动词变化的影响,例如受到动词 ring(响铃)的影响(ring 过去式为 rang),孩子们将动词 write(写)写成 writ;swing(摇摆)写成 swang。

通常情况下,这种错误出现的频率还是很低的。有时,孩子们也会将规则的动词变成不规则的变化形式,比如将 wipe(擦)的过去式写成 wope,而不是正确的 wiped。通过对 9 个孩子使用 20000 个动词形式进行研究发现,这种将动词写成 writ、swang 和 wope 的错误只有不到 2‰ 的比例。

不规则变化的名词复数

有些名词的复数变化是不规则的(不以-s 结尾,例如 Child(孩子)/children、foot(脚)/feet、wolf(狼)/wolves)。孩子如何掌握这些不规则的名词复数变化呢?对于这些不规则名词,孩子有时会犯错误,比如将 child 的复数写成 childs(正确是 children);foot 的复数写成 foots(正确是 feet);wolf 的复数写成 wolfs(正确是 wolves)。但不规则名词复数的错误表达概率很低。针对学龄前儿童(1岁3个月到5岁)的研究表明,不到10%的孩子犯类似的错误。这一比例与错误使用不规则动词的比例很相似。

同时还有个有趣的发现。英语中的不规则名词并不常见。事实上,孩子们能听到的不规则名词只占所有名词的5%。相反,不规则的动词则要占到所有动词的一半以上。英语中最常见的动词大多为不规则动词。所以,不规则动词的数量要比不规则名词多。

我们真希望规则的名词(加-s 后缀)覆盖所有不规则名词,但事实上孩子在使用不规则名词时所犯的错误,同使用不规则动词过去时态一样多。很明显,孩子们也知道应该怎么做,但仍时不时地犯错误。

我都说了多少遍了?

让众多研究者感到吃惊的是,孩子错误表达名词复数和动词过去式的现象并不常见。而大多数的成年人,包括孩子的父母却认为,3—4岁的孩子在使用不规则动词过去式时总是犯错。

真相或许会左右摇摆。心理学家麦克·马若索斯(Michael Maratsos)最新发现,同其他词相比,人们经常会使用"-ed"形式来表示不规则动词的过去式。对于常见的不规则动词的过去式(例如 go"去"和 see"看"),孩子的掌握速度的确很快;但对于不常见的不规则动词的过去式(例如 sink"下沉"和 win"赢"),他们则需要更长的时间。

那么,究竟需要重复多少遍,孩子们才能真正掌握不规则动词的变化形式?马若索斯认为经过几百遍接触正确模式后,不正确的印象才能被彻底消除。对于那些常见的动词来说非常容易,学习这些不规则动词可以不费吹灰之力。但对于那些不规则的动词,情况就不同了,错误现象能持续几个月。在这个过程中,孩子也会不断积累经验以控制错误形式的使用。

4.制造单词

每种语言中的单词都有自己的使用周期。以前的单词,例如 Flytme(古英语中指一种抽血装置)已经不再使用,而新的单词如因特网(internet)、博客(blog)、电子商务(e-business)在人们的生活中被广泛使用。最新出版的牛津英语词典中增加了近 6000 个新单词。

这些新词从哪里来?大部分的新词都是由旧词演变而来,赋予旧词新的含义或者改变旧词的拼写方式。孩子能很快地掌握这些新词,因此为了能够与他们保持一致,我们也要充分了解这些新词。

三种造词方法

在继续探讨孩子学习英语之前,我们先看看最常见的三种由旧词衍生新词的方法:

(1) 转化词

创造新词最简单的办法,就是赋予已有词汇新的用法。由于这一过程需要转变原有词汇的用法,因此语言学家称这一过程为"转化词"。

以名词和动词为例,我们可以将名词"canoe"(独木舟)当作动词使用:我们乘独木舟顺流而下。(We canoed down the river.)反过来,动词 throw(投掷)也可以被用作名词:棒球比赛中我们经常会说"那是一个不错的掷球。"(in baseball, when you say "That was a great throw.")

名词作动词形式	动词作名词形式
往面包上涂黄油　BUTTER(黄油) the bread	被打了一下　get a HIT(打)
托运包裹　SHIP(轮船) the package	亲了一下　give a KISS(亲吻)
签合同　INK(墨水) a contract	感觉疼　feel the BITE(咬)
把门钉死　NAIL(钉子) the door shut	想拥抱一下　want a HUG(拥抱)
钉衬衫扣子　BUTTON(扣子) the shirt	得到表扬　get a RAISE(表扬)

同样,英语中的形容词也可用作动词。例如,我可以将表示性质的形容词"脏的"(dirty)当作动词使用。

将形容词"脏的"转变为动词

脏的(形容词)	⟶	(弄)脏(动词)
地板很**脏**。(地板不干净)		工人们把地板**弄脏**了。
The floor is DIRTY. "not clean"		The workers DIRTIED the floor. "make dirty"

(2) 派生词

创造新单词的第二种策略,是在原有的单词末尾添加词缀而产生新的词。语言学家称这种办法为"派生词"。例如我们最常见的在单词后加"-er"后缀,派生出新的名词,来表示从事某种职业的人或具有某种功能的用具。

以 -er 结尾的派生词

教师 teacher	教书的人 a person who teaches
奔跑者 runner	奔跑着的人 a person who runs
磨刀器 sharpener	用于磨刀的器具 a thing used for sharpening
冰箱 freezer	用于冷藏食物的器具 a thing used to freeze food

(3) 合成词

第三种创造单词的方法,是将两个或多个已有单词组合成一个词,称为合成词。英语中有几万个合成词,最常见的例如信箱(mailbox)、黑板(blackboard)、宇宙飞船(spaceship)以及白宫(White House)等等。

合成词

路灯(streetlight)	蓝鸟(bluebird)	脏话(swearword)
露营地(campsite)	快乐时光(happy hour)	洗碗布(wash cloth)
书架(bookcase)	高脚椅(highchair)	爱哭的人(crybaby)

有些合成词中,词与词之间留有空格,而有些词则没有。因此不能仅根据词汇书写方式来判断是合成词还是简单的英语词组。

我们可以通过英语读音中的重音,来区分合成词和英语词组,这个办法很有效:通常合成词的重音在前(靠左的单词),而词组的重音多下后(靠右的单词)。比如我们说 MAILbox(信箱)而不是 mailBOX。还有我们经常吃的是 HOTdog(热狗三明治)而不是 hot-

DOG(感觉很热的小狗)。两个例子中前者为合成词,而后者为一般词组。

孩子不光学习单词,他们还创造自己的单词,而大人们对这些单词闻所未闻。曾经有人对一个孩子进行4年的跟踪研究。相近的研究日记显示,孩子从1岁大起开始创造新词,一共创造了1351个,几乎每天一个。

有些创新单词采用了错误的单词生成法,比如 to gun(枪)指代 shoot(射击);to bell(铃)指代 ring(摇铃),而这里 gun 和 bell 是不能被用作动词使用的。还有,不恰当使用后缀派生词,例如 brakers(辊捏工)指代刹车,cooker(厨具)指代厨师等等。此外,在合成词方面,孩子还表现出极强的主观思想:他们用 sky-car(天空—汽车)指代 airplane(飞机);用 fix-man(修理—人)指代 mechanics(修理技师)等等。

接下来,我们将看到孩子在使用英语沟通时所犯的错误。这些可爱的错误展示我们如何运用实验方法了解孩子创造词汇过程,值得好好研究。

我想把它剪掉(I want to scissor it)——学习转化词

孩子从2岁左右就开始使用转化的方法创造新词。有时候,这些新词超出了孩子的使用能力范围,日后肯定会被他们忘掉。大多数不正确的转化词用法,都是由于孩子错误地将名词转化为动词使用,特别是那些具有一定功能的工具名词。

2—3 岁孩子把名词转为动词

例句	情节
你把它针起来了吗（用针缝起来）？ And did you NEEDLE this?	跟妈妈谈论袜子
但是我没刀片自己（用刀片伤到自己）。 But I didn't BLADE myself.	从水池中拿起搅拌器
你怎么知道哪里剪刀它（用剪刀打开）？ How do you know where to SCISSOR it?	试图剪开苹果汁的软纸盒
你是怎么扳(手)他们的（用扳手松开螺丝）？ How do you WRENCH them?	拆一个建筑玩具
水掉我棍子上的土（用水冲掉）。 An' WATER the dirt off my stick	谈论花园里的水管
不要开得太大，因为会风（风会吹进来）。 Not very wide, because it will WIND.	妈妈要打开车窗
浪会进来吗（被浪冲进来）？ Will it WAVE in?	在海滩上挖洞，讨论底部是否有水

有些形容词也被错误地转化为动词使用，例如"I'm talling."（我正高呢），把形容词"tall"当做动词使用了，正确的句子应该是"I am growing tall."（我正不断长高）。还有，"I'm still soring."（我疼呢）。把形容词"sore"当作动词使用。正确句子应该是"I am still feeling sore."（我还是觉得疼）。下面还有其他的例子：

2—3 岁孩子将形容词转化为动词

例子	情节
我锋利他们（使……锋利）。 I SHARPED them.	指两支铅笔
他们傻着吗（愚蠢的状态）？ Are they SILLING?	孩子们开玩笑
我紧我的徽章，你应该不紧它（扣紧和松开）。 I TIGHTED my badge and you should UNTIGHT it.	指衬衫上的徽章

孩子用这种错误的转化创造新词的方式,表达出他们喜欢简单地使用语言。正如伊芙·柯拉克(Eve Clark)指出的"模式简单化"一样。孩子喜欢在已有单词基础上不做改动,创造新词。

> **模式简单化**
> 在不改变原有词汇模式的基础上创造新词。

孩子采用这种方式所犯的语法错误实际上是个好兆头。英语里大量的动词来自名词。我们不能说"针东西"(needle),但有时却说"锤东西"(hammer)。我们不说"水掉棍子上的土"(water),但会说"浇草坪"(water lawns)。成人们还会用形容词创造动词,比如人们也许不会说"紧徽章"(tight),但会说"把地板弄脏了"(dirty the floor)和"打扫房间"(clear the room)。

当孩子说"你针它吗?"或"我锋利他们"时,他已经在词汇构成方面向前迈了一大步。

这里"燕麦粥"了(It's crowdy in here)——学习派生词
应该是"这里太挤了"(It's crowded here)

孩子们早期使用派生词构词法创造新词的方法,反映出他们的另一种喜好——他们喜欢用加后缀的方式创造新词。语言学家称其为"生产能力"。

> **生产能力**
> 通过在单词末尾添加常用的后缀来创造新词。

还记得达蒙小朋友吗？之前他创造的 4 种派生词结尾就是采用了这种方式，而这 4 种后缀在英语中经常被使用。

达蒙 4 岁时使用的派生词

后缀	含义	例子
-er*	"某人从事某项活动"	路人（walk**er**）
-ie	"小型的"	小狗（dogg**ie**）
-ing	"动作"	跑步很有趣（Runn**ing** is fun）
-ness	"状态"	大（big**ness**）

* -er 后缀还有表示"器具"的含义（例如"切割机"（cutter）用于切割的工具），但在孩子们的语言中并不常见。

我们通过对比后缀"-er"和"-ist"的使用，能看出孩子如何运用"生产能力"在创造新词的。

英语中的大多数动词都可以通过在词尾处加"-er"后缀来表示"从事某项活动的人"，（例如路人"walker"、跑步者"runner"、跳高者"jumper"、歌唱家"singer"、食客"eater"等等），但"-ist"的使用却非常受限制。我们通常说"typist"（打字员，在动词 type（打字）后加"-ist"），而不说"writist"（作家（writer），应该在动词 write（写作）后加"-er"）；我们用"cyclist"表示骑车人（在动词"cycle"（骑车）后加"-ist"），而不用"skatist"表示滑冰人（skater，在动词"skate"（滑冰）后加"-er"）。所以，我们认为孩子在构词方面会较早地使用"-er"，而伊芙·柯拉克和芭芭拉·赫克特的实验结果也证实了这一推论。

柯拉克和赫克特安排几名 3—6 岁的孩子与实验者坐在一起，要求孩子根据实验者的描述写出从事某项活动的人物名称和工具名称。

> **人物名称**
>
> 实验者:"我这里有一幅图片,上面画着一个人在碾碎某件东西。我们称这种人是……"
>
> **工具名称**
>
> 实验者:"我这里有一幅图片,上面画着一件能切割物品的工具,我们称这种工具是……"

所有孩子都选择了使用"-er"来回答上面的问题。他们称碾碎物品的人为"crusher"、切割物品的工具为"cutter"(在英语动词 cut(切)后面加后缀)。

有时,孩子也会过分使用派生词构词法。比如后缀"-y"在英语中被广泛用于名词后,构成形容词,例如 salty(咸的)、hairy(多毛的)、furry(皮毛的)。

$$Salt(盐) + y \rightarrow salty(咸的)$$
$$\uparrow \qquad\qquad\qquad \uparrow$$
$$名词 \qquad\qquad 形容词$$

达蒙 2—3 岁时创造的派生形容词

例子	情景
让我觉得风很大(被风吹到)。 It makes me WINDY.	汽车车窗都关了,试图通风
在安娜玛利亚家我看见一个裂缝洞(裂缝上的洞)。 At Anamaria's I saw a CRACKY hole.	看到一幅下水井图片之后

（续表）

例子	情景
报纸泡泡的（泡湿了）。 The paper is SOAKY.	指一张阴湿了的报纸
这儿有一个石块块房子（用石块搭建的）。 There's a ROCKY house.	在鬼城看到石头墙
现在太夜里了（太黑了）。 It's very NIGHTY.	晚上在开车回家路上
但不能走的（适合行走的路，应该是 walkable）。 But not WALKY ones.	指悬崖
这里有些"燕麦粥"（很挤，应该用"crowded"）。 It's a bit CROWDY in here.	去停车场
那儿有个气球商店（有气球装饰的商店）。 There's a BALLOONY store.	有许多气球的商店被画在橱窗上
不，它没毒（应该用形容词"poisonous"）。 No, it's not poisony.	谈论某种花

有时孩子们也会过度使用"-er"后缀，比如他们把厨师（cook）称作"cooker"；把锯（saw）叫做"sawer"。我 6 岁的女儿也经常把发卡（hair ties）叫做"tiers"。但在成人英语中，人们总会选择使用转变法（而不是派生法）来创造名词。

英语的许多名词是通过在动词后加"-er"后缀构成的，因此孩子会以为任何以"-er"结尾的名词都来自同根的动词。这导致孩子在使用"-er"后缀时，会犯另一个错误。许多研究日志也证实，孩子会创造出许多奇怪的错误动词，比如"hamm"（应该是"hammer"锤打）。

刚开始，孩子使用派生词构词法制造和理解新词的过程很慢，但对于一年级到五年级的孩子来说，这一过程逐渐变快。下面是

一个五年级孩子的例子,从这里可以看出熟悉派生构词法对理解新词很有帮助:

> 实验者:"unbribable"是什么意思(不可说服的、不能贿赂的)?
>
> 孩子:从来没听说过。
>
> 实验者:好吧。你能不能用这个词造个句子。
>
> 孩子:无法贿赂那个男孩(The boy was unbribable.)。
>
> 实验者:好的。在句子"无法说服那个男孩"中,"unbribable"是什么意思?
>
> 孩子:是说你不能用某样东西贿赂他。
>
> 实验者:你说"不能贿赂他","贿赂"是什么意思?
>
> 孩子:比如通过给他某种东西劝说他做什么。
>
> 实验者:好的,能举个例子吗?
>
> 孩子:我给你一块口香糖目的,是希望你告诉我你的电话号码。

这种技能会伴随我们一生,如果下次你遇到类似"antidisestablishmentarianism"(主张政教分离者)这类的单词时,可以使用这种方法。

让我们坐"空车"吧(坐飞机)——学习合成词
Let's go by sky-car

孩子们喜欢使用合成词。事实上,对于 2—3 岁的孩子来说,他们创造的名词 80% 都是合成词,而且大部分是名词+名词形式,

例如"sky-car"(天空+汽车,指飞机"airplane")。下面是1岁半到3岁孩子创造的合成词例子:

孩子的话	内在含义
乌鸦鸟 crow-bird	指乌鸦
汽车烟 car-smoke	指汽车尾气
杯蛋 cup-egg	指煮鸡蛋(放在鸡蛋杯中)
救火车人 firetruck-man	指消防员
植物人 plant-man	指园丁
商店人 store-man	指店员

孩子们好像非常清楚什么时候应该使用合成词。在一个为事物命名的实验中,实验者要求2—4岁的孩子为一组图片中的物体命名,其中包括用南瓜做的房子和一只趴在平底锅上的青蛙。

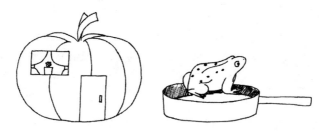

当孩子看到的事物具有明显的内在联系时,即便最小的孩子也会使用合成词,但对于那些暂时或偶然联系的事物时,孩子就显得不知所措。比如,孩子看到南瓜做的房子时,会很快说出"pumpkin house"(南瓜房);但对于右边平底锅上的青蛙,他们却很少回答"frog pan"(青蛙平底锅),因为他们觉得青蛙只是暂时待在平底锅上。这两种情况的对比恰恰反映出成人使用合成词的方式。

孩子善于使用合成词现象也反映出,他们对另一种构词法的偏好。除简单模式外,柯拉克称这种偏好为"含义透明法"。

> **含义透明法**
> 根据合成词中不同词的含义创造新的词汇。

如果已经知道"商店"(store)和"人"(man)这两个词,而不知道"店员"(clerk)这个词,人们创造出"商店人"(store-man)这样的合成词就显得理所当然了。

但在英语中,合成词的构成需要遵循一定的规律,而孩子似乎总是不能遵守。柯拉克和她的同事对3—7岁的孩子们进行了一项实验,收集了一些有趣的信息。他们让孩子给从事某项活动的人物命名,就像下面图片中展示的:

实验者和孩子们的对话：

> 实验者：图片中一个男孩正在撕纸。我们应该叫他什么呢？一个撕纸的男孩是……

孩子的答案显示出他们对合成词的偏爱——69%的孩子回答为"撕纸的人"(paper ripper)(研究对象为成人时,90%的回答相同);23%的孩子则采用非合成词用法,他们使用"-er"后缀为答案"撕裂者"(ripper)。

更有趣的是,孩子创造的合成词的种类要比成人多。柯拉克和同事的研究显示,孩子们主要通过三个步骤创造合成词,表示"从事某种活动的人"。

第一步：动词和名词相结合表示做某事的人。

合成方式	例子	含义
动词 + 人(man)	洗衣人(wash-man)	洗衣服的人
	开启人(open-man)	打开某样东西的人

第二步：将动词和名词结合,表示经历过某种动作的事物。在这种模式中,通常在动词的结尾处加后缀"-er"转化成名词使用。

合成方式	例子	含义
动词 + 名词	抱孩子的(hug-kid)	抱着孩子的人
	打瓶子(break-bottle)	某人或某物打碎瓶子
动词-er + 名词	剪草人(cutter-grass)	剪草坪的人
	给礼物人(giver-present)	某人给礼物
动词-ing + 名词	洗衣人(washing-people)	洗衣服的人

孩子采用这种合成词的独特之处在于,合成词中词汇的顺序与句子中词汇的顺序一致。例如我们会说"我修剪草坪"(I cut the grass),动词"修剪"(cut)在名词"草坪"(grass)之前。

第三步:使用成人惯用的名词+动词-er 的方式。

合成方式	例子	含义
名词+动词-er	砌墙者(wall builder)	砌墙的人
	房屋粉刷匠(house painter)	粉刷房屋的人

合成词与重音

应该还记得英语中合成词的特点是,重音在前一个单词上吧。这是我们区分食品"热狗"和"发热的小狗"的方法。但这种方法对孩子们是否有效呢?

研究者针对5—11岁的孩子和成人进行了一项实验,实验结果非常出人意料。当研究者要求被研究人区分食品"热狗"(HOT dog)和"发热的小狗"(hot DOG)时,成人的正确率仅为75%。11岁的孩子表现还不错,但低于11岁孩子们的正确率为55%—60%。

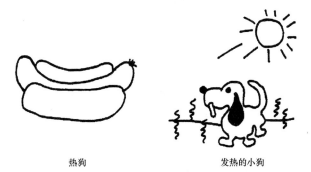

热狗　　　　　　　　　发热的小狗

实验结果显示,孩子使用的方法很简单,对于熟悉的事物,他们会不管重音在哪儿,直接把它当做合成词。所以"hot dog"总会被当作夹着香肠的面包。

另一方面,对于不熟悉的事物,孩子通常都会逐字解释。例如,家长总说孩子不知道什么是"red head"(红头发)。无论重音在哪儿,孩子们总会认为那是指红色的头,而不是长着红头发的人。

合成词和复数

合成词添加复数形式时,它的另一种性质就显现出来了。例如,星期六的早上你雇佣三个人来洗车。我们该怎么称呼他们呢?应该是 carwashers(洗车工),这个合成词里包括"car"和"washer"两个小词,以及 -s 后缀表示复数。

```
Car +    washer    +    s
车       洗……的人        复数
```

这样不是挺好吗?但设想如果你有两辆车而只雇佣了一个人为你洗车,你又该怎么称呼他呢?即便洗车工洗了两辆车,你也只能叫他"carwasher"而不是"carswasher"。因为在英语中,复数后缀只能加在合成词尾。

```
Car +  s  + washer
车     ↑
       复数表示法不能加在合成词词中
```

有个特例,如果合成词中涉及"clothes"(衣服)和"scissors"(剪刀)这类集合名词,合成词中可以使用-es 和-s,例如"clothesdryer"(甩干机)。

那么孩子们又是如何掌握这一规律的呢?彼得·哥顿(Peter Gordon)发明的独特实验显示,孩子似乎从一开始就掌握了这一规律。在与3—5岁的孩子做游戏的过程中,彼得让孩子创造合成词来描述不同的人。例如,他让孩子称呼吃米饭的人(rice eater)和盖房子的人(house builder)。

实验的关键是,考察孩子对合成词复数的使用。他问孩子该怎样称呼抓老鼠的人?应该是"rats catcher"(错误的),还是"rat catcher"(正确的)? 164个孩子中161个孩子都答对了,正确率为98.1%。

小结

孩子在发现单词、创造单词方面极具天赋。他们能找出话语中单词主干,并能找到创造自己语言的方法。他们了解自己的喜好(简单模式、含义透明化、生产能力强),而且擅于运用造词法(转化词、派生词、合成词)创造新词。

孩子创造的那些词("针它"(to needle,用针修补);"太夜了"(nighty,太黑了);"锤锤"(hamm,用锤子敲);"空车"(sky-car,飞机))都向我们展示了他们对英语的掌握情况。更重要的是,这些例子为我们提供了一个难得的机会,观察他们一生中仅有的语言经历。

我们还没有结束对单词的讨论。在本章我们注重探讨了孩子如何发现单词、创造单词。但没有含义的单词就只是个空壳。下一章我们将探讨孩子是如何掌握单词含义的。

第三章

这是什么意思？

在前一章里我们看到,孩子学习语言的速度快得惊人。到上学的时候,他们已经掌握了超过 1 万个单词。接下来的几年里,他们还会以每天 20 多个生词的速度增长。他们是怎么做到的呢？

通常情况下,人们获取信息往往离不开名词,特别是表示事物的名词(比如狗、房子、苹果等等)。在本章中,我们先从名词词义开始,后半部分将探讨其他单词含义的掌握,比如动词、形容词和代词。

1. 第一含义

孩子特别善于捕捉词的含义。他们似乎在学说话以前就已经"熟练"掌握这种技能。这也许要归功于词和词义能够帮助孩子认识周围纷乱的世界,并对其进行分类。

在一个实验中,实验者让一组 9 个月大的婴儿看一系列兔子的图片,而且每次都重复说"兔子"(rabbit)。而另一组婴儿看相同的图片时,只听到一个音调。接着,两组婴儿同时看两幅不同的图片,一张是兔子,另一张是猪。

听到"兔子"(rabbit)标注的那组婴儿,关注猪图片的时间比兔子图片的时间长。而另一组婴儿在看到两幅图片时没有任何不同的反应。

很明显,由于第一组孩子听到图片上动物的名字,他们很容易发觉图片上的猪与之前看到的动物不一样。

孩子有一种强烈的单词学习趋向:自打呱呱坠地那一刻起,他们就渴望了解所见过的人和物的名字。所以,他们首先掌握的都是具有核心含义的单词。下面是一个孩子从11个月到1岁7个月期间所说的单词表。一共有43个词,其中31个是名词(描述人和事物)。

泰迪早期词汇表

年龄	名词	其他
11个月	狗 dog	
1岁	鸭子 duck	
1岁1个月	爸爸 Daddy	呵呵笑 yuk
	妈妈 Mama	
	泰迪熊 teh(teddy bear)	
	汽车 car	

(续表)

年龄	名词	其他
1岁2个月	纸尿裤 dipe(diaper)	
	猫头鹰 owl	
	角 toot toot(horn)	
1岁3个月	钥匙 keys	
	奶酪 cheese	
1岁4个月	眼睛 eye	
1岁半	奶牛 cow	
	杯子 cup	
	卡车 truck	
1岁7个月	小猫 kitty	高兴 happy, 表示惊讶 oops, 尿尿 pee pee
	果汁 juice	向下 down, 嘘 boo
	瓶子 bottle	向上 up, 嗨 hi
	勺子 spoon	再见 bye
	碗 bowl	哦 uh
	毛巾 towel	
	苹果 apple	
	牙齿 teeth	
	面颊 cheek	
	膝盖 knee	
	肘部 elbow	
	地图 map	
	球 ball	
	石块 block	
	公共汽车 bus	
	吉普车 jeep	

对于任何孩子来说,最初掌握的 50 个单词中,非名词单词所表示的含义大致包括以下几个方面:

> 1. 消失和缺失(走了 gone;都走了 allgone)
> 2. 行为动作的成功或失败(成了! there!;好了! Did-it;哦! uh-oh;哦,天呀! Oh,dear)
> 3. 否定或拒绝(不 No)
> 4. 引人注意(那儿 there;看 look)
> 5. 动作的趋向(向上 up;向下 down)
> 6. 包含或附属(在……里 in;在……外 out;在……上 on;从……离开 off)

为什么是名词?

为什么孩子最早偏爱名词? 一种解释可能是源于父母对孩子说话的方式。尽管妈妈在对孩子说话的时候使用的动词多于名词,但更多的时候他们会鼓励孩子们自己说名词(妈妈经常问孩子"这是什么?")。

此外,对于孩子来说,妈妈在同孩子说话时所使用的名词及其含义,很明显比动词容易掌握。孩子比较熟悉名词所指代的固体事物(例如杯子、蜡笔等等),而动词就显得多变复杂。有些动词指代物体的运动方向(下落 fall),有些指代内部状态(想要 want)。有些动作包含一个行为(去 go),而有些包含 2 至 3 个。

1	1 2	1 2 3
玛丽去了。	玛丽推车。	玛丽给朋友一本书。
Mary went.	Mary pushed the car.	Mary gave a book to a friend.

孩子先掌握名词的另一个原因，是他们的感知系统对物体非常敏感，特别是具有以下4项特征的物体（我们将这里分类的物体称为"斯皮克物体"（Spelke Objects），以纪念首次发现了这些重要特征的研究者）。

凝聚型——孩子喜欢具有整体性的物体。比如"球"，无论你怎么扔，球都会以一个独立的物体移动。相反，"头"就不是个好例子，因为头依附在其他物体上。

连贯型——孩子不喜欢时隐时现的物体。当一件物体在另一件物体后面消失，而从另外一边出现时，婴儿会感到很奇怪。他们喜欢看到持续存在的东西。

稳定型——孩子不愿意看到一个物体从另一个物体中穿过。当他们在电影中看到一个物体穿过另一个物体时，他们感到很奇怪。孩子希望物体是坚不可摧的。

可触型——对于没有生命的物体，孩子希望在没触摸它的情况下，物体保持不动。实验证明，当孩子看到无生命的物体自己移动时，都会感到很惊奇。

喜欢名词和讨厌名词

几乎所有孩子早期所掌握的名词多于其他单词。但这种偏好也因人而异。对于那些掌握名词数量较多的孩子,他们使用大量的名词来指代人和事物,因此我们可以把他们称作"参照型"(或者叫名词喜爱者)。这些孩子的分析能力较强,他们善于将成人的语句拆分成单词(我们曾在前一章里讨论过)。

对于那些不喜欢名词的孩子,我们把他们称作"表达型"(或者叫名词讨厌者)。因为这些孩子更倾向于使用单词和短语,来表达事物之间的关系和动作(例如不 no、更多 more、再见 bye-bye、嗨 hi、我们走吧 let's go 等等)。他们更乐于采用完整形式的学习方式,所以他们最初说出的语句都比较长,但中间部分不易分辨,例如 whasdat(what's that? 那是什么?);lookadat(look at that 看那个);gimmedat(give me that. 给我那个)等等。

为什么有些孩子趋向参照型和分析型,而有些孩子的表现更倾向于表达型和全面型?通常这两种不同的学习模式反映了孩子在认知方面的区别,这种区别将一直持续到今后的求学过程中。

一种观点认为,参考型的孩子像个"模具工",喜欢探索物质世界。比如,他们在玩玩具的时候,喜欢将玩具做成模具和建筑材料。

相反,有些孩子擅于使用早期单词表达事物间关系(例如问候、表达情感),他们更愿意将自己融入社会生活。我们可以把他们称作"配音演员",因为他们从小就喜欢关注人们之间的互动。如果给"模具工"一副茶具,他们能用它造一座塔,而"配音演员"则能组织一场聚会。

然而,这种假设的依据比较复杂,但至少能代表积极的一面——孩子早期的单词取向反映出父母与他们进行交流的语言模式。

参照型孩子的妈妈大多使用物体的名字来吸引孩子的注意力,他们经常玩的语言游戏是"那是什么?"相反,表达型孩子的母亲在同孩子交谈时,会使用更多的社会用语(例如嗨、再见、请、谢谢、我们走吧等等)。尽管无法消除根深蒂固的(或者是天生的)认知差异,但单词发展差异对比至少告诉我们,孩子的表达与其早期语言经历有关。

2. 不够与太多了

有时候孩子所接触的单词含义似乎太多了,以至于他们将一个含义用于不同的事物。例如,单词"狗"(dog)还被用来指马、奶牛和其他四条腿的动物。这种错误被称作"过度扩张"。

还有一种状态叫做"扩张不足",是指单词含义过于狭隘。例如,孩子知道"动物"(animal)这个词,但却不知道"海龟"和"蜥蜴"和哺乳动物一样也属于"动物"范畴。

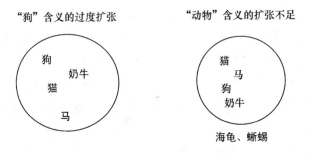

有时,某一个词的含义既被过度扩张,又显得扩张不足。例如,孩子经常会把"活着的"(alive)理解成"能自己移动的"事物。

当涉及人和动物时，孩子使用这些词的情况很好。但有时孩子会想到河流和云彩也是"活着的"（过度扩张），而植物和树木却不是（扩张不足）。

"活着的"过度扩张和扩张不足

与"过度扩张"相比，"扩张不足"现象并不那么令人关注。这也许是因为这种现象不常出现，或者不易被大人们发现。比如，当人们听见孩子指着家里的汽车说"汽车"，他们不会意识到针对类似的事物，孩子就不会使用这个词。然而，当孩子指着马说"狗"，人们会很容易发现"过度扩张"的问题。

如果它看上去像只鸭子……

"过度扩张"的现象不会持续太久，大多数的孩子到了2岁到2岁半就不会犯类似的错误了。然而，这种错误在早期语言学习中很常见。对于1—2岁的孩子来说，他们所掌握的单词中有30%的单词曾经被过度扩张过（据一份成长日记记载，1岁孩子出现过度扩张单词的数量占他所有词汇量的40%）。

下面是一些过度扩张的例子。过度扩张主要基于感觉事物之间的相似之处。比如"嘎嘎叫"被用来表述所有长着翅膀、体积较小的事物。

过度扩张

单词	首要代表	引申扩张
嘎嘎 quack	鸭子	所有鸟、昆虫、苍蝇、正面有鹰图案的硬币
滴答 tick tock	手表	钟、汽油表、缠着的灭火水龙带、带刻度的钟面
飞 fly	飞	灰尘、土、小虫子、孩子的脚趾头、面包屑
糖果 candy	糖果	樱桃和任何甜的东西
苹果 apple	苹果	球、西红柿、樱桃、洋葱、饼干
海龟 turtle	海龟	鱼、海豹
饼干 cookie	饼干	零食、任何甜点
小猫 kitty	猫	兔子、任何小体型长毛的动物
盒子 box	盒子	升降电梯
带子 belt	带子	手表带
月亮 moon	月亮	半个柚子、柠檬片、洗碗机的转钮、图片上的蔬菜、新月形的纸片

事物之间的相似之处导致了单词含义过度扩张现象。这种现象不仅包括常见的动作、形状、大小、声音、味觉或质地，还包括功能。

如果告诉 4 岁的孩子下图中 L 型模块叫"fendle"，他们会把其他相似的图形都当成"fendle"（不包括 S 型模块）。然而，如果他们发现大的 L 型模块被用作容器来承装小的 L 型模块，他们就不会把它叫做"fendle"。很明显，孩子发现了两个模块的不同之处。

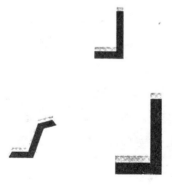

有时,感知与功能的相似可以引起同一系列的过度扩张。例如,一个孩子将"钟"一词含义过度扩张到手表、仪表、拨号盘以及不同种类的计时器,所有这些都具有与钟相似的表面(感知方面相似)。接着他又将这一含义扩张到其他三种新事物:手镯(和手表一样戴在手腕上,功能相似)、收音机和电话(都有拨号盘,感知相似)。

"钟"含义过度扩张路径

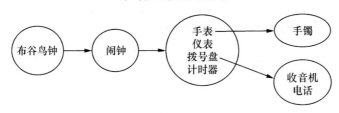

你是故意的吗?

有趣的是,孩子通常不会过度扩展刚刚掌握的词汇含义。最初的几周内,孩子都能正确的使用这些词汇,但慢慢地还是会出现了过度扩张现象。人们不禁想探究错误背后的原因。

或许一些过度扩张根本不是真正的错误,而是孩子企图超越每天掌握新单词的记录?当他们管"马"叫做"狗"时,他们是不是在想:"我知道这不是狗,但我实在不知道或想不起它叫什么了。所以我只能用一个最接近的词来代替了"?

有一个迹象揭示出,过度扩张是孩子故意的行为。当孩子学习了正确的单词,他们就不再用错误的单词指代事物了。例如,2岁的艾伦用"狗"指代狗、猫、羊和其他四条腿的动物。但当他学会了单词"猫"和"羊"之后,它不再用"狗"指代这类动物。

如果艾伦认为单词"狗"具有单词"动物"的含义,那么即便学会了单词"猫",他还可以继续使用"猫科狗"之类的词。但他没有这样做,而是马上停止用"狗"指代"猫"。这或许说明他不再将单词"狗"等同于"动物"了。他只是在学会正确的词汇前,临时借用这个单词而已。

我们还可以通过更直接的办法,测试出孩子是否知道他们过度扩展了单词的含义。如果孩子知道单词的正确含义,当别人使用这些单词时,他们能够正确理解这个单词。下面的实验正好说明了这一点:

在实验中,5名孩子(1岁9个月到2岁1个月大)需要给图片上的动物命名。过度扩展词义的现象在他们身上很明显。研究者又根据这一情况设计了一道理解题。例如,如果孩子将"狗"扩展到奶牛、马、猫或羊,那么理解题中的图片除了上述动物外,还包括狗。接下来,孩子被要求"找出狗"。

实验结果出人意料。在理解题环节,过度扩展单词含义的现象比命名题时少很多。甚至,在使用人物图片时,"爸爸"这种被过度扩展的单词,在理解题中的错误率几乎为零。

研究者通过大规模的研究,确定孩子在做理解题中不会出现过度扩展现象,这其中包括针对99个孩子进行的高科技测试。

如下图所示,孩子坐在两台电视监视器之间,每台电视监视器展示不同的动物,例如狗和猪。同时,孩子还能听见单词"狗"的读音。与此同时,特殊的装置会检测他们的眼睛运动,记录他们看了哪副图片、眼神停留了多长时间。孩子时常会先看与声音匹配的电视屏幕图片,而且观看的时间较长。

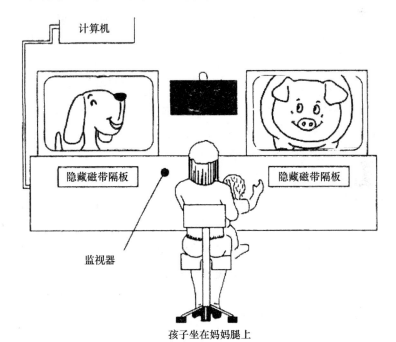

孩子坐在妈妈腿上

然而有一种情况例外。当 2 岁的孩子接触不熟悉的概念时，他们在理解能力方面的过度扩张似乎与在单词创造方面一样多（30%左右）。因此，尽管对于像"猪"这样熟悉的单词，孩子很少犯过度扩张的错误，但对于不熟悉的单词（如"河马"），特别是要求他们在陌生的动物中选出正确动物时，难免还是会犯错。

3. 快速定位

尽管孩子在掌握英语的过程中会犯过度扩张词汇含义的错误，但他们在掌握词义方面还是非常出色的。也许孩子必须具有这种本领，否则无法完成一天掌握十几个单词的任务。很多实例证明，孩子似乎只要听过 1—2 次新单词，就能够把它记住。这种快速的学习被称作"快速定位"。

"快速定位"现象不仅仅出现在词义学习过程中。通常孩子在学习新事物时都会表现出"快速定位"的能力，比如"那个太贵了"、"这是用来做土豆泥的"等等。

如果我们把一件东西给 3—4 岁大的孩子，并且告诉他是叔叔买给他的，不管是一个星期还是一个月以后，孩子都会像"柯达"胶卷一样一直记着这件事（其实成人有时记忆力也很好，因此快速定义不仅仅指孩子）。

很多实验都证实了孩子在"快速定位"单词含义方面的非凡本领。例如，在一个实验中，实验者与孩子玩一个"帮忙"的游戏，而且告诉孩子一些新词（比如六边形）。然后实验者对孩子说："你们能帮我一个忙吗？你们看见墙角的椅子上有两件模型吗？请递给我六边形，我不要三角形。"

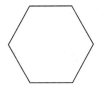 

请递给我六边形，我不要三角形。

由于这个年龄段的孩子已经掌握了"三角形"这个单词，因此他们很快确定两个模型中的另一个模型为六边形，并交给了实验者。

几分钟后，实验者又安排孩子进行理解能力测试（让孩子在不同的模型中找出六边形）和表达能力测试（让孩子根据形状说出模型名字）。尽管孩子仅听了一遍新词，实验结果却出人意料：在理解能力测试中，孩子的正确率达到75%，而表达能力测试结果的正确率在30%以上。

在另一个实验中，实验者把不同的物品交给3—4岁的孩子玩。在玩的过程中，实验者向孩子介绍新物品的名称："让我们用这个柯达胶片量一下哪个更长"、"我们把柯达胶片放在一边吧"。通过这种方式，孩子不仅学会了"柯达"指代什么，一个月之后他们仍然记得这个单词。

孩子是怎样做到学的又快又好的呢？有时，他们借助听到新词时的环境。例如，对于孩子来说，2/3的新词都来自家庭聚餐时家长们的对话，而且这种环境能够帮助孩子们理解新词含义。有时候，环境甚至还能对新词做出解释：

> 妈妈:你要慢点儿吃,这样才不会胃痉挛。
>
> 乔治(4岁):什么是胃痉挛?
>
> 妈妈:胃痉挛就是你的胃……太撑了……因为吃的太多所以感到胃疼。

而且,语言环境还会为词义提供间接的解释。例如在下面的例子里,妈妈没有向孩子直接解释"没礼貌"(rude)的含义,而是让孩子自己去理解:

> 罗伯特:(一边吃饭一边说话)
>
> 妈妈:罗伯特!
>
> 罗伯特(4岁):妈,干吗?
>
> 妈妈:罗伯特,别这样,这样没礼貌。

孩子们运用很多种不同的方法,分析语境中的部分信息,帮助他们正确猜出单词的含义。接下来我们具体研究这些方法。

4. 交流工具——孩子怎样学习名词

孩子能快速学英文单词的原因,是他们先猜词的含义。也就是说,他们知道应该先找哪种含义。我们可以初步把孩子所使用的猜词方法分成四大类:感知的、社会的、语言的和组织关系的。我们一个一个来看:

运用头脑(感知范围)

假设一位父亲开车带着 8 个月大的女儿在乡间的路上行驶。他看见路边有一只羊,便指着羊对女儿说"羊"。你认为这个小姑娘会如何理解这个单词?是指这个动物吗?还是指这个动物的某个部分,比如尾巴或蹄子?还是表示"白色的"或"毛绒绒的"?或者是指那个动物在吃草?在这种情况下,小姑娘最可能想到什么呢?

通过观察孩子在这种情况下的表现,我们得出结论:他们使用最简单、最明智的方法——"整体设想法"。

> **整体设想法**
> 新词指代一个整体事物。

因此,单词"羊"(sheep)不是指羊的某个部分、它的白色或者它身上的毛,而是指这个动物本身。

但如果有些词妨碍了孩子进行整体设想,又该怎么办呢(比如人们把一条小狗叫作"费多"或"斑点",而不是"狗")?这就要依靠孩子的第二种方法——"种类设想法"。

> **种类设想法**
> 新词指代一种事物,而不是某一个特定事物。

所以,单词"羊"指代这一类动物,而不是单指某一只羊。

但问题还没结束:孩子怎么知道"羊"这个词不能指代所有动

物呢?这个问题的答案有些微妙,我们称其为"要点设想法"。

> **要点设想法**
> 新词指代基本要点相似的物体。

因此"羊"这个单词所指的事物,应该具有一定的相似之处(形状、大小、质地以及行为),而且这些共性其他动物并不具备。

> **英语学习的三种方法**
> **整体设想法**:新词指代一个整体事物。
> **种类设想法**:新词指代一种事物,而不是某一个特定事物。
> **要点设想法**:新词指代基本要点相似的物体。

孩子巧妙地使用这些办法学习英语,效果十分明显。事实上,孩子最初掌握的名词,大多指代具有相同基本特征的事物。

然而,光靠这三种方法学习英语是远远不够的。孩子还要接触一些指代部分的名词(比如脚趾头、手指甲、肚脐眼等等)、事物的性质(漂亮的、毛绒绒的)、人名(苏茜、琼斯先生)以及类别名称(动物、植物)。接下来我们详细解释这一问题。

来自家人和朋友的帮助(社会范围)

前面我们已经谈到,孩子在学习英语的过程中得到了周围人行之有效的帮助(比如指着某种事物说出它的名字或者解释词汇含义)。然而大部分语言学习是通过更为微妙的方式进行的,包括倾听和参与对话。

如果孩子想通过倾听和参与对话来学习掌握英语,他们必须要了解说话者在谈论什么。如果说话者所说的和孩子所理解的不是同一事物,孩子怎么能学会新词呢?孩子就会设法做到与说话者保持"同步"——观他所观、想他所想。

凡事要从小事入手。心理学家发现在理解、感知他人想法的过程中,"思维理论"(理解别人的思维如何运作)起了关键性的作用。这就是孩子拥有的"社会性"特征——能够融入到家庭和社会中。

> **社会性方法**
> 能够以别人的思维方式了解新词的含义。

麦克·托马赛罗(Michael Tomasello)和他的同事运用大量的实验,证明了这一特性在孩子语言学习中所起的作用。在实验中,实验的对象为一组2岁大的孩子。实验者看着一个玩具并给它起名字("看!是莫迪")。与此同时,实验者举起另一个玩具来转移孩子们的注意力。然后,实验者要求孩子指出哪个玩具是"莫迪",孩子都会选择实验者注视过的那个玩具。

无论发生什么情况,孩子总是知道大人所命名的是他一边说话一边看着的玩具。在日常社会生活中,语言就是这样被使用的,而且语言学习也包括了解这一点。

在另一个实验中,孩子、妈妈和实验者一起玩三个玩具。接着,妈妈走开了。实验者又拿出第四个玩具和孩子一起玩。过了一会儿,妈妈回来了并且说"看,莫迪,莫迪"。

接下来,孩子要完成一项理解题测试。测试的结果显示,孩子认为"莫迪"指代第四个玩具。因为他注意到妈妈看到前三个玩具时,没有表现得很兴奋。只有看到新玩具时,妈妈才变得很兴奋。这是人们的共性,了解这一点非常重要,同时也了解语言是如何被使用的。

在第三个实验中,实验者给孩子出示了一根旋转的空心管,他先将两个玩具放进空心管,使其顺着管子内壁滑下来。接着他将第三个玩具放入空心管并说"现在该莫迪了"。关注他动作的孩子很快得出结论——"莫迪"是第三个玩具的名字(成人的反应也是一样的)。

在第四个实验中,实验者先取出一个玩具并对其做了某种处理。接着他又取出一个玩具,把它放入空心管中使其下滑同时宣布"现在该莫迪了"。关注他动作的孩子们马上认为"莫迪"是那个被放入空心管里的玩具名字。

通过以上这些实验我们发现,孩子成功掌握语言的关键在于,将自己以最基本的人类行为模式与他人联系起来。简单的事实就是人们怎么想就怎么说。因此,能够观察到说话者所观察的事物,能够理解说话人的想法不仅仅是一种重要的社会技能,而且在语言学习过程中起着至关重要的作用。

从语言规律中学到的(语言学范围)

孩子经常依赖已学会的知识掌握新的单词。在一项非常著名的实验中,实验者向孩子展示了两个娃娃。这两个娃娃除了头发颜色不一样外(一个金色头发、一个黑色头发),其余都一样。实验者开始跟其中一个娃娃说话,一会儿叫她"姬芙"(Zav),一会儿叫她"一个姬芙"(a zav)("a"为不定代词,在可数名词前使用表示某一类事物)。

> **实验者**
>
> 看我给你们带来了什么？这是姬芙/一个姬芙。

过了一会儿实验者让孩子们"给姬芙或一个姬芙"穿衣服(Dress Zav/ Dress a zav)。

1岁5个月大的小女孩能注意到两个名称之间的差异——"a"不定冠词的使用(在这项试验中男孩子的表现并不突出)。如果实验者告诉他们，第一个娃娃叫姬芙(Zav)，他们就会给第一个娃娃穿衣服。如果实验者告诉他们，第一个娃娃是一个姬芙(a zav)，那么他们就很有可能也会选择给第二个娃娃穿衣服。很明显，他们知道"姬芙"是特指一个娃娃的名字，而"一个姬芙"是指这类玩具。

对于1岁半的孩子来说，能做到这一点已经很棒了，他们还能带给大人更多的惊喜。当实验者把娃娃换成了木块，孩子就不再关注"a"的使用了。所以无论实验者说"科夫"或"一个科夫"(Kiv/ a kiv 指石块)，孩子们只是随便拾起其中的任意一块。

这样看来，即使年纪小的孩子也能够分辨出娃娃和其他无生命木块的区别：娃娃有自己的名字。因此，当实验者与娃娃说话时，孩子就会关注是否使用了"a"，反之亦然。而且，孩子还注意到实验者忽略的一点：木块不需要加名字。

有些理论需要慢慢掌握。例如，我们可以设想，如果有人向你展示了一组物品，并告诉你"这是一个芬得"(Fendle 作者任意创作的词)。你或许会认为"芬得"指代这一组物品，就像"鸟群"指代一群鸟一样。但如果别人告诉你"这些是芬得"，你就会认为这组物品中每一件都叫"芬得"。孩子到了 5 岁才能像成人一样区分"一个芬得"和"一些芬得"之间的差异。

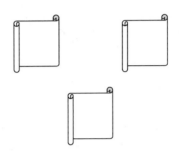

比较物质和物体名词之间的区别也比较困难。我们可以把物质想象成可以通过检验的东西,这与物体不同。物质的特性不会因整合到一起而改变。比如木头是一种物质,就是把木头劈开,它的性质也没改变。但另一方面,桌子是物体,如果将桌子劈开,那它就不再是桌子了。

孩子对待其他事物的情况也是一样,他们喜欢使用物体的名称来指代物体,而不习惯使用物质名称。比如,如果你指着一把椅子对孩子说"桃心木",孩子很可能将"桃心木"当作椅子的代名词,但不会使用木头这个物质名词。

研究者也发现,孩子们对于非固体物质名词的使用习惯与固体名词相反,这些非固体名词包括:液体、粉、胶等等。当人们把一堆木屑叫"桃心木"时,这名字所指的只能是物质而不是物质所构成的事物。

通常,语法规律能够帮助孩子区分物质和物体,因为"some"和"much"(表示一些 some 用于可数名词前;much 用于不可数名词前)多出现在物质名词前,而在物体名词前不常出现。

物质名词(用 some 和 much 修饰)	物体名词(不常用 some 和 much)
厨房里有些木头。 **Some** wood is in the kitchen.	厨房里有张桌子。 **Some** table is in the kitchen. (table 前不应用 some)
厨房里有多少木头? How **much** wood is in the kitchen?	厨房里有多少桌子? How **much** table is in the kitchen? (table 前不应用 much)

这些语法规律能否决定孩子对物体名称的掌握?很显然是不行的。在一个实验中,实验者要求孩子确认词组"一些列克(some lek)"的使用:它是指物体还是指制造物体的固体物质?孩子们都选择了前者而不是后者。

局限性(组织关系范围)

当人们学习成千上万的单词及其含义时,最明智有效的办法就是寻找捷径。孩子采取的一种方法被艾伦·马克曼(Ellen Markman)称作"相互排他设想法"。

> **相互排他设想法**
> 指事物只能拥有一种标志。

在早期的语言学习中,"相互排他设想法"表现为孩子不愿意用多个名词来表示一种事物。比如,在同父母的对话中,2岁大的孩子坚持他看到的是"卡迪拉克"而不是"汽车",或者是"喷气式飞机"而不是"飞机"等等。他们似乎不能容忍一种事物可以用多个名词来表示。

这种现象反过来会影响孩子对事物进行分类的能力——如果知道某种事物是"狗",是否也能知道它也属于"动物"范畴。在一个实验中,实验者让孩子回答下面的问题:

> 哈巴狗是一种狗。哈巴狗是动物吗?

要想回答正确,孩子需要了解"狗"就是一种动物,狗是动物的某一科。

对于6岁的孩子来说,回答这个问题很容易,正确率在90%以上。但是对于4岁的孩子来说情况明显不同,正确率只在60%。我们可以推测是相互排他设想法影响了孩子,使孩子不能将一种事物即认定为"狗"又认定为"动物"。

相互排他法在孩子身上的另一种表现为,孩子经常会用新词表示他们不熟悉的事物。我们在第三章中所提到的三角形和六边形的实验,就证明了这一点。在下面的实验中,实验者使用编造的单词,确保孩子从未接触过实验中所使用的单词。

实验者让几个3岁的孩子看两张图片:一幅图片上画着熟悉的事物(一棵树),而另一幅图片上画着不熟悉的事物(汽车消声器)。然后实验者让孩子"指出哪个是 zib(实验者编造的单词)"。

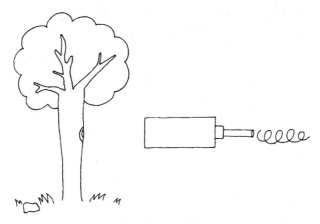

树和汽车消声器

在这种情况下,孩子们不假思索地选择用"zib"指代他们还不知道名字的事物。因此,当孩子们被要求指出"zib"时,他们在6次动作中有5次选择了消声器(当要求孩子选出没有名称的事物时,他们选择消声器的频率仅为50%)。

相互排他法在孩子学习语言的初期发挥了一定的作用——孩子懂得"狗"不可能同时是"猫","汽车"不可能又是"船"等等。同时,相互排他法还打破了整体设想法对孩子们的影响(我们之前讨论过,整体设想法指孩子认为新词指代的是一件事物的整体,而不是其中的某个部分、颜色或质地)。

正如我们之前讨论过的,由于有些单词(如鼻子、脚趾)指代某一部分、(黑色、白色)指代颜色、(柔软、毛绒绒)指代质地,因此整体设想法就不太符合实际情况。相互排他法恰恰弥补了这一缺陷。让我们来看一个具体的例子:

假设你跟孩子在看一本书,书页上画着一只兔子。你指着兔子说"毛绒绒的"。如果孩子已经知道"兔子"这个单词,那么相互排他设想法就会阻止她将"毛绒绒的"等同"兔子"。因此她就会设想"毛绒绒"这个词一定是指兔子的某个部分,比如说它的质地。

我们已经讨论过孩子如何学习名词词义。但除了名称性的名词以外,孩子们还要学习表示动作的动词(如跑 run、跳下 fall、吃 eat)、起修饰作用的形容词(如大的 big、饿了 hungry、疼 sore)以及表示方位的介词(在……里 in、在……上 on、在……下 under)。接下来让我们逐一进行讨论。

5. 学习动词

尽管孩子喜欢使用名词,他们学习动词的表现同样很出色。达蒙的成长日记中记录他在 2 岁时能使用 94 个动词,在 3 岁时达到 321 个。

通常情况下,孩子首先掌握的是父母对话中经常出现的动词。达蒙最先掌握的动词中一些是表示"目的性"的动词,比如做 do、得到 get、去 go 和放 put。

做 do:	我来做 I do that
	我来刷 Me do brush(达蒙用语,Me 应该用 I)
得到 get:	下来 get down
	得到它 get that
	脱下来 get off

第三章
这是什么意思？

	得到一块饼干 get a cracker
	我喝醉了 I get drink（应该是 I get drunk）
	相处 get on
	下来 get down off
去 go：	下去 go down
	走吗？go？
	生育高峰 baby go boom
	去游泳 go swimming
	去看车 go watch car（应该是 go to see the car）
放置 put：	放后面 put back
	放下球 put ball（应该是 put ball down）
	放那里 put there
	穿上 put on
	再放一些 put them more
	放在地板上 put down floor（应该是 put down on the floor）
	放回去 put it back
	举起来 put it up

达蒙的语言中出现最多的是表示行为的、正在进行的动词，比如跑 running、玩 playing、骑 riding、读 reading。3 岁之前达蒙所使用的动词一半以上都是这种模式的。

达蒙使用的第二种常用动词（占他使用动词的 1/3 左右）是表示完成状态的动词，有明显的结束标志并带有结果，比如找到某物、把一对木块撞倒了、撕下一片报纸等。

不同动词种类的使用频率

年龄	进行时%	完成时%	其他%
1岁7个月至2岁	55	32	13
2岁1个月至2岁半	48	36	16
2岁7个月至3岁	47	39	14

针对其他孩子的调查结果与达蒙的情况相似。

许多研究者认为,孩子在使用动词时,使用某种动词模式的频率要高于其他动词模式,比如达蒙在3岁之前使用的动词,50%以上都是进行时(-ing)形式。

> 妈妈在吃。Mommy eating.
> 我在玩。I playing.①

同样,动词过去式也经常被使用在完成性的动词上,例如:

> 我找到了。I found it.
> 掉下去了。It fell.
> 坏了。It broke.

年纪小的孩子遇到过去发生的但没有完成的动作时,会不知所措,很可能将过去时形式与完成的动作联系起来。比如,2岁的孩子经常把句子"女孩当时在画画(The girl WAS drawing a picture.

---

① 句中遗漏了助动词"be"。正确的写法为Mommy is eating; I am playing。

表示过去进行时)"理解成"IS drawing（现在进行时）"。4 岁以上的孩子在区分时态和动词完成状态方面就没有任何问题。

引导

由于动词的词义大多是抽象的,我们不禁好奇孩子是如何掌握英语动词词义的? 使用新词时,关注整个句子的"结构"或许会有所帮助。例如,你听到下面的句子:

> 玛丽砰的一声把东西摔给了爸爸。Mary FLUMPED them to her father.

如果你以前从未接触过"砰地摔过去"(flump)这个单词,那么你可以从句子的结构中猜出这个单词的含义——它一定指把某物从一个人手里转给另一个人。

我们通过下面这句话的结构来猜一猜"zwig"(作者编造单词)这个词的含义:

> 爸爸 ZWIGS 我们晚饭吃意大利面。Daddy ZWIGS that we should have spaghetti for supper.

通过句子的句法结构,我们可以断定"zwig"一定指代某种沟通动作(例如"说")或某种思维动作(例如"想"、"知道"或"认为")。

通过句法来猜测新词含义的方法,被称为"句法引导法"。单词的含义要根据整个句子的句法结构来定。比如在谚语"自强不息"(He pulled himself up by his bootstraps.)中,"bootstraps"(引导)的含义要根据整个句子结构来决定。

我们再来看实验者是如何通过实验,了解孩子运用语言的引导性学习动词的含义。实验者向 2 岁的孩子出示了下面的两幅图片。

猴子和兔子

The monkey is flexing the bunny.　　The monkey is flexing WITH the bunny.
猴子压着兔子。　　　　　　　　　　猴子和兔子一起屈着。

当实验者说"猴子压着兔子",孩子都会选择看左边的图片(图片中猴子在对兔子做某种动作);但当实验者说"猴子和兔子一起屈着"时,孩子们就会将注意力转向右边的图片(图片中猴子和兔子一起看着并指向同一个方向)。

这是怎么回事?很明显,孩子们认为"名词+动词+名词"这种结构,最适合表达一个动物对另一个动物实施动作,而"和……一起"则表示两个动物同时发出动作。通过理解句法结构,孩子学会用"句法引导法"来推测动词的含义。

第三章
这是什么意思?

一些难词

当然,句法引导法只能在孩子学习英语的初期阶段发挥作用。孩子还必须学会区分不同动词的含义,比如"想"(think)、"知道"(know)和"认为"(believe)。这些词可能出现在完全相同的句法结构中。区分它们的含义并不容易,而且一个人在做这些动作时,其外部表情没有任何区别。因此,孩子掌握思维运动动词含义的速度比较慢。我们以"忘了"(forget)动词为例,通过实验来看看孩子们的反应。

当我们说"我忘了做某事"时,通常是指我们在某一刻意识到应该做某事但却忘记做了。实验的结果却显示,孩子们认为"没记住做某事"并不是"忘记做某事"动作中的关键部分。

在实验中,实验者给4—7岁的孩子讲了一个故事:

> 一天,汤姆的妈妈让汤姆帮忙去商店买一些苹果。妈妈给了汤姆一些钱和一个篮子。萨拉的妈妈也想要一些苹果,于是她也给萨拉一些钱和一个篮子,让她去买苹果。汤姆到了商店却发现钱丢了,所以他就回家了。萨拉在去商店的路上看见了图书馆,于是她去了图书馆读书,之后她也回家了。

讲完故事后,为了确保孩子都听懂了故事内容,实验者问了一系列的问题,其中包括"谁忘了买苹果"?

如果是成人来回答这个问题,他/她一定会说"是萨拉忘了买"。因为萨拉知道她应该去买苹果,只是在路上被图书馆所吸引,在回家前忘记去买了。没有选择汤姆是因为,他把钱弄丢了,而不是忘了买。

但学龄前的孩子可不这么认为:他们普遍认为汤姆和萨拉都忘记买苹果了。对于他们来说"忘记"这个词不是指"不记得做某事",而是"没能完成某人最初的目的"。

从孩子对下面两个故事的反应就可以看出,他们同样不清楚"保证"(promise)动词的使用:

> 科琳娜和内文在公园里玩。科琳娜说:"我们去打秋千吧。"内文回答:"我一会儿就去,但现在我要回家吃午饭了。我吃完饭就去打秋千,我保证。"内文吃完午饭后感觉不舒服,必须卧床休息。所以内文没有再去公园。科琳娜去他家找他,内文的妈妈告诉她内文病了。
>
> 丹尼和艾米丽在学校教室帮老师打扫卫生。丹尼说:"我们把黑板擦干净吧。"艾米丽回答:"好的。但我想先把作业放回柜子里。我回来咱们就擦黑板,我保证。"艾米丽转身出去找她的柜子。天气特别好,艾米丽想回家去玩,所以没有回教室帮丹尼。丹尼一直在等艾米丽回来,但他看见艾米丽偷偷地从人行道上溜过去了。

听完上面的两个故事,7岁和9岁的孩子都认为应该批评艾米丽,而内文不应该受到责备。而有些7岁的孩子却坚持内文和艾米丽都没有信守承诺。显然,他们没有考虑事件中其他因素的影响,只是简单地认为"保证"就是指完整执行某个动作。

另一个不好掌握的动词是"装满"(fill)。许多学龄前的孩子认为,"装满"的动作就是指"倒"(pour),而不是指"使……充满……"(make full)。所以,当让孩子选择下面两组图片哪一组表示"装满",他们都选择第二组图片(尽管第二组图片中杯子最终是空的)。

有趣的是,4—5岁的孩子不清楚"装满"的含义,而且使用这个单词的方式也不符合一般惯用语的标准。

> *碗里装满糖块。*(马克,4岁7个月)
> And fill the little sugars up in the bowl. 应该是 fill the bowl with the little sugars.

> 我能把盐装进盐罐里吗？（伊，5岁）
> Can I fill some salt into the (salt shaker)? 应该是 can I fill the salt shaker with some salt?
> 我把谷子装满了。（阿达姆，4岁11个月）
> I filled the grain up. 应该是 I filled (the bag) with the grain.

等孩子们意识到"装满"是指"使……充满……"而不是"倒入"，他们就不再犯以上这些错误了。

6. 学习形容词

在同孩子说话的时候，家长所使用的形容词数量（比如"大的"或"红的"）远远少于名词和动词，所以孩子掌握形容词词义也相对比较晚。当形容词被用某种物品，表示他们之间的某一处特征相似或不同时，是学习形容词的最佳语境。

在一个有趣的实验中，实验者向3岁的孩子展示两个一样的盘子：一个是透明的而另一个不是。实验者告诉孩子透明的盘子是"blickish"（实验者编造的单词）。孩子很快就学会了"blickish"的含义为"透明的"，因为这是两个盘子之间唯一的不同之处。

这是"blickish"。

这不是"blickish"。

但是当实验者将不透明的盘子换成了不透明的牙刷（对比不同的物品），孩子们就不知道"blickish"的含义是什么了。

这是"blickish"。　　　　　　这不是"blickish"。

在另一个实验中，实验者向孩子们出示了一个透明的盘子和一个透明的牙刷（两种事物有一处特征相同）。然后告诉孩子这两个都是"blickish"。在这种情况下，孩子们成功地掌握了"blickish"的含义。

这是"blickish"。　　　　　　这是"blickish"。

但意想不到的是，当实验者向孩子们出示两个透明盘子时（两种事物之间有很多相似之处），他们对"blickish"含义的掌握远不如之前。

这是"blickish"。　　　　　　这是"blickish"。

学习新形容词

　　如果在以下情况中使用新形容词，孩子就会很容易掌握他们的含义：

　　1. 某件物品与另一件物品之间只有一处不同，或者
　　2. 两件物品中只有一处相同点。

在现实生活中,这些完美的状况并不经常出现。因此,在学习形容词时,家长不得不向孩子解释其含义,而学习名词时却不用。

孩子最先掌握的两种形容词是:表示事物的尺寸(例如"大"big、"小"small、"高"tall)以及表示事物颜色(例如"红的"red、"蓝的"blue、"绿的"green)。我们依次来讨论不同的形容词学习过程。

尺寸

当使用形容词时(例如大的 big、高的 tall、长的 long),我们会发现形容词之间的对比是很微妙的。"大的"指整体的尺寸;"高的"表示纵向尺寸;"长的"表示横向尺寸。

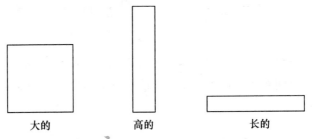

对于初学者来说,还要掌握"高的"high、"宽的"wide、"深的"deep 这些形容词。

在一个实验中,实验者向 3—5 岁的孩子展示几组物品:一个大的和一个高的;一个大的和一个长的;一个高的和一个长的。

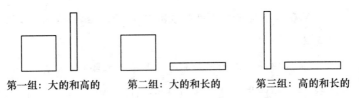

第一组:大的和高的　　第二组:大的和长的　　第三组:高的和长的

当实验者要求孩子选出"大的"物品时,年纪小的孩子表现得很好。但当要求选出"长的"或"高的"物品时,他们的反应却不太理想,而且总会选择"大的"物品。由此可以看出,孩子们对描述整体的形容词的掌握,好于描述局部尺寸的形容词。

年纪稍大的孩子出现了不同的问题。他们不太清楚"大的"形容词含义,而且将"大的"等同于"高的"。所以,让他们在第一组图中选出"大的"物品时,他们会选择右边的物品。这说明他们在判断物品尺寸时更多的关注了纵向尺寸。

另一方面,尺寸形容词的使用也非常复杂,他们所表达的含义是相对的。比如,"大"耗子(成年耗子)与"大"象(体积大)所表达的含义不同。我们用"大"来修饰人的时候,表示人的身材很高;但用来修饰房子时,则表示房子的整体面积很大。

无论是孩子还是成人,在使用形容词时(特别是遇到相互矛盾的情况)都会遇到麻烦,比如让他们判断一个大娃娃能否等同于一件小玩具。

颜色

孩子一开始学习颜色单词时很困难。但这并不是因为他们不能区分不同颜色之间的差异。如果将一个红色的玩具交给2岁的孩子,过一会儿再把这个玩具与另一个玩具放在一起(两个玩具只是颜色不同),孩子仍然能将红色的玩具挑出来。

实验证明,当研究者历经了十几次尝试,才教会2岁孩子学会第一个颜色单词,这要比"快速定位"难得多呀。

许多研究证明,孩子在4岁以后才能正确使用颜色单词,而他们在掌握形状单词方面却要早得多。当问3岁大的孩子"这是什么颜色？"时，他们会回答出颜色的名字。但是，他们却将这一颜色（例如红色）用于所有颜色，或者不愿在不同颜色中进行选择。

然而有趣的是，最近的一项研究中发现，现如今2岁半的孩子对颜色单词掌握的情况非常好。一些研究者认为，这是由于电视节目增加了孩子接触颜色名词的机会。

颜色单词的掌握过程与掌握自然界中的事物名称（比如动物）是不一样的。尽管学龄前儿童既能够学会常用的颜色名词（例如红色red、蓝色blue），还能够掌握动物名词（例如奶牛cow、熊bear），但对于那些不常使用的颜色单词，孩子们的表现就显得不尽如人意。孩子们能够很好的掌握类似"鸭嘴兽"（platypus）和"蝎子"（scorpion）这类的动物名词，但却不能掌握类似"米色"（beige）和"紫罗兰色"（violet）这样的颜色单词。

或许因为颜色单词的参照物之间，在某种程度上彼此重叠——"绿色"和"橄榄色"、"紫色"和"紫罗兰色"之间的分界线并不清晰。而孩子却不容易混淆动物名词，因为"猫"和"狗"之间的区别非常清晰。

在一项著名的实验中，实验者试图研究孩子如何掌握颜色名称（这个实验是有史以来针对孩子语言研究项目规模最大的），669名2岁半到4岁半的孩子参与了这个实验。实验者交给孩子不同颜色的纸片，让他们说出纸片的颜色。

根据孩子们回答的正确率，研究者将颜色名称排列如下：

> 红色、绿色、黑色、白色、橘黄色、黄色、蓝色、粉色、棕色、紫色

其结果与对颜色单词理解的研究结果相似。而且特别有意思的是,孩子们最先掌握的颜色单词,正是世界所有语言和文化中最常见的颜色——红色、绿色、黑色和白色。这些常见的颜色吸引人们的注意力,同时也帮助孩子们掌握他们的名称。

数词

最后我们来谈谈数词。尽管孩子在2岁时就能从1数到10,但直到3岁半以后他们才能真正理解数词所代表的含义。

尽管2岁或3岁的孩子能够从1数到5,但如果让她把12个动物玩具分成每5个为一堆,她就数不清楚了。如果让她数出新分出来的那堆玩具个数,她为了实现正确的数目(每堆5个玩具)而改变自己数数的方式。因此,如果她面前的这堆玩具有3个,她就会数为"1、2、5"。

孩子们学习数词的方式相对来说比较固定——当然从1开始,然后是2和3(3以下的数量一眼就可以确认,不用具体核算)。

到3岁半时,孩子对数字的掌握会有一个飞跃——他们会一下子掌握了其余的7个数字。这个时候,他们也懂得要根据顺序数数,比如蛋糕上插着5支蜡烛,要从1数到5。

孩子长到4—6岁时,开始掌握第二组数词(20、30、40等等)。在这个阶段中,他们继续扩展从1数到9的本领。比如狄波拉和瑞贝卡这对双胞胎(5岁时)的情况:

> 狄波拉:1,2,3,4,5,6,7,8,9,10,11,12,13,14,15,16,17,18,19。
>
> 瑞贝卡(问妈妈):19之后是什么呀?

> 妈妈:20。
> 瑞贝卡:21,22,23,24,25,26,27,28,29。然后呢?
> 妈妈:30。
> 瑞贝卡:31,32,33,34,35,36,37,38,39。然后是40。

7. 学习介词

人们使用介词来表示词与词之间的关系,有些指位置和方向(在……里 in、朝向……towards、在……附近 near);有些则指代更为抽象的关系(利益 for、用具 with、所有权 of)。

> **介词表示含义**
>
> 位置:在你自己的床上睡觉。Sleep **in** your own bed. 球在地板上。The ball is **on** the floor.
>
> 出身:他来自中国。He came **from** China.
>
> 方向:咱们往山下走吧。Let's walk **down** the hill. 臭虫爬上墙。The bug climbs **up** the wall.
>
> 陪伴:跟你妈妈一起去。Go **with** your mom.
>
> 利益:把那个给我好吗?Would you get that **for** me?
>
> 用具/方法:用剪刀剪开。Cut it **with** the scissors. 我们坐车去。We'll go **by** car.
>
> 所有权:我的玩具。That toy **of** mine.

孩子们最初掌握的介词以表示位置和方向为主,就像街道路牌上提供的信息一样。

1 岁女孩最初掌握的介词

介词	使用时年龄
向上 up	1 岁 5 个月
向下 down	1 岁 5 个月
在……上 on	1 岁半
脱离 off	1 岁半
在……里 in	1 岁半
在……外 out	1 岁半
在……上方 over	1 岁 7 个月
在……下方 under	1 岁 7 个月

这些介词除了十分实用外,他们还有一个特点:在英语中非常明显,而且可以被用在句尾并重读。这些都能引起孩子们的注意:

> 我想上去/下去/进去/出去。I want UP/DOWN/IN/OUT.
> 我想穿上/脱下这件毛衣。I want this sweater ON/OFF.

孩子最初用介词来指代动作而不是关系,例如"向下"(down)被用作表示"掉下去"(fall down)或"把我放下来"(put me down);而"在……里"(in)则被用来表示"让我们进去吧"(let's go inside)等等。

即便孩子学会使用介词来表示词与词之间的关系,他们仍还会犯两种错误:"省略"和"混淆"。

"省略"和"混淆"的错误

"省略"错误是指在应该使用介词的时候将介词省略了。例如:

> Draw paper. 在纸上画(应该是"Draw on paper.")。
> Ketchup mouth. 嘴里的番茄酱(应该是"Ketchup in mouth.")。
> Peter hurt car. 彼得被车撞伤了(应该是"Peter was hurt by car.")。
> Open it keys. 用钥匙开(应该是"Open it with keys.")。

造成这些错误的原因是,孩子不能准确地理解特定的关系(位置、工具、方向),也不能正确地将这些关系表达出来。

朱迪斯·约翰斯通和丹·斯洛宾(Judith Johnston & Dan Slobin)曾经用一个非常贴切的比喻来形容"省略"错误:他们说必须先将这些概念(表示位置、方向等)储存在大脑中的"等候室"中,等相对应的介词出现是,这些概念才能被表达出来。当介词含义被困在"等候室"中,无法与介词匹配,孩子就犯"省略"错误。

"混淆"错误是指使用错误的介词。这类错误中有两种情况最为常见:介词"为了 for"与"给……to";介词"通过……方式 by"与"使用……with"的混淆。

> Timothy gave that FOR me. 提马斯把那个给了我（应该是"to me"）。
>
> Santa Claus gave that lollipop FOR me. 圣诞老人把棒棒糖给了我（应该是"to me"）。
>
> Crack pecan BY teeth. 用牙咬核桃（应该是"with teeth"）。
>
> Can I pick it up BY my hands? 我能用手把它捡起来吗（应该是"with my hands"）？

在表达方位介词中，有一些介词很容易掌握而有一些却比较难。在一项研究中，研究者要求2—4岁的孩子描述一件小物体（石头）和一件大物体（盘子）之间的位置关系。

 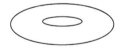 

最初掌握的介词包括："在……里 in"、"在……上 on"、"在……下 under"、"在……旁边 beside"，这些介词都表示两件物体之间简单的位置关系。之后掌握的介词"在……和……之间 between"相对复杂，表示一件物体与其他两件物体之间的位置关系。

当用介词"在……前方 in front of"和"在……后方 behind"来表示物体之间（如电视机和房屋）的位置关系，难度就增大了。说话者必须注意一件物体与另一件物体的一部分之间的关系（它的前方或则它的后方）。

难度最大的是使用这些介词表示两个物体之间的关系。由于没有参照物来表示固定的前方和后方,说话者必须清楚自己与两个物体之间的位置关系。例如,如果我和盒子中间有一个球,我就会说"球在盒子前面"。如果盒子处于我和球之间,那么我就会说"球在盒子后面"。

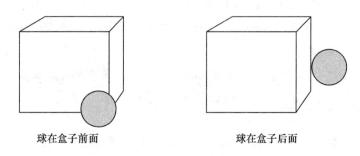

球在盒子前面　　　　　　球在盒子后面

在选择方位介词时,考虑说话人自己的位置会使整个过程变得很复杂,而且还会影响对"在……前方 in front of"和"在……后方 behind"介词的掌握。

掌握介词表达的普遍进度表

介词	所表达的位置关系
在……里 in、在……上 on、在……旁边 beside	两个物体间简单的空间位置关系
在……之间 between	一个物体与两个物体之间的空间位置关系
在……前方 in front of、在……后方 behind	两个物体之间的空间位置关系,其中一个物体为位置参照物(带有固定的前/后标志)
在……前方 in front of、在……后方 behind	两个物体之间的空间位置关系,没有位置参照物(不具备固定的前/后标志)

8. 学习代词:我和你

孩子的早期语言中出现最明显的错误就是混淆我①(I 和 me)和你 you(主格宾格同型)。下面是 2 岁马修所犯的错误:

> 你抱我。I'll carry you(应该是"You carry me.")。
> 我要哭了。You'll cry(应该是"I'll cry.")。
> 举起我,我要看窗外。Lift you up and you can see out the window(应该是"Lift me up and I can see out the window.")。

代词混淆现象在孩子们的话语中经常出现。一项针对 1 岁半的孩子的研究显示,孩子混淆使用代词的现象有时高达 50%以上。有些孩子还不愿意用代词来代替名词——当跟妈妈说话时,他们会说"妈妈去那儿"而不是"你去那儿"。

找出孩子颠倒代词"我 I"和"你 you"的原因其实很简单。想象成人是如何跟孩子说话的。成人经常用"我 I"来指代自己,但孩子却用相同的词(我 I)指代他们自己。当我们用"你 you"来指代孩子的时候,他们却用这个词来指代成人。

我们必须意识到孩子只是混淆两个代词的用法,并不是从根本上不会使用他们。因此,最顽固的"颠倒"错误的发生率也只有 50%。

---

① 英语中"I"为主格,作为主语;"me"为宾格,用作宾语。

代词"你 you"的错误使用率要高于代词"我 I"——孩子使用代词"你"来指代自己的次数要多于使用"我"指代别人的次数。或许是因为所有人在跟孩子说话时,都会叫她"你",而用"我"来指代自己。这种称呼方式使孩子轻易地掌握"我"是用来指代说话人的,而"你"是用来指代她自己的。

如果这种推论正确,那么当孩子听到别人也被称作"你",他们应该更容易掌握这个代词的使用方法。事实上,我们发现一个非常有趣的现象,似乎可以帮助解释这个问题:家里的第二个孩子听见哥哥/姐姐被别人称作"你",所以他们会比其他孩子先使用正确的代词。

当孩子与人进行交流时,对于他们来说,直接使用代词"我"和"你"很难吗?一个简单的实验可以解答这个问题。实验者把一个玩具(球)放到孩子手里,然后又给了她另一个玩具(娃娃),问她:

> 我有什么呀?
> 你有什么呀?
> 我有球吗?

> 你有球吗?
> 娃娃是我的吗?
> 球是你的吗?
> 这是我的球吗?
> 这是你的娃娃吗?

为了使孩子们在说话时区分这些词之间的差异,实验者还问了下面的问题:

> 谁有球呀?
> 谁有娃娃呀?
> 这是谁的球呀?
> 这是谁的娃娃呀?

当实验的对象是2—3岁的孩子时,代词"我""你"颠倒使用的现象比较多。

在实验中,实验者通过设计一系列的简单任务,考察孩子对代词"我"和"你"含义的区分、换位思考的能力以及两者之间的联系。在一项任务中,实验者向孩子展示了一幅海报,海报的一边画着太阳,另一边画着一颗心。实验者让孩子反复地看海报,直到她完全记住图案。然后,实验者让孩子看海报的一边图案,并且问她在另一边的大人能看到什么?

如果孩子能够换位思考,她就能说出别人看到的是另外一边的图案(心),而不是自己所看到的图案(太阳)。

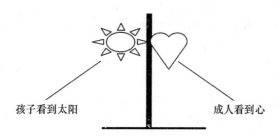

问孩子:"别人能看到什么呀?"

换位思考能力要求孩子具备比较代词"我"和"你"的能力:孩子必须意识到,即使她可以称自己为"我"、称别人为"你",但在别人口中"我"被用来指代说话人,而"你"却指孩子自己。我们相信,能够进行换位思考的孩子,真正掌握了代词"我"和"你"之间的差异。

小结

孩子以惊人的速度和准确率学习新单词的含义。即便有些新词孩子只听过一遍,他们也能以每小时1—2个新词的速度不断前进着。尽管1—2岁的孩子会犯一些错误(过度扩张),但总的说来,孩子学习单词的表现很令人震惊。关于孩子学习单词方面,我们还有很多问题没有解释清楚,但我们完全有理由相信,孩子之所以能够快速学习单词,很大程度上得益于本章里所谈到的那些简单的技巧。

接下来我们要研究孩子如何将单词组合在一起,组成句子。这个问题对于语言认知过程同样重要。没有单词我们就没办法造句。但单词本身就像是一堆建筑材料,只有将他们按照特定的方式组合在一起,组成沟通时使用的句子结构时,他们才会体现出真正的价值。下一章我们来研究孩子是如何学会组建句子的。

第四章
单词站一排

设想一下,如果没有系统的方法,我们如何将单词联系在一起?在这种情况下,人们就像1岁3个月大的孩子,只能用一个词进行交流,比如"渴了"、"水"、"给"等等。

孩子有很强的求知欲,而且很快便开始学习(接下来将讨论)。孩子造句技巧的发展大致可分为两个阶段:

第一阶段 从1岁半左右开始。这时候孩子开始发出2—3个相对简单的单词。这些早期的句子简单而且不完整,但他们却标志着孩子开始造句。

第二阶段 从2岁左右开始。这时候孩子能够填补话语中缺失的部分,而且表达多种复杂句式的能力也快速提高。

1. 开始阶段

造句最基本的原则很简单:用恰当的方式和顺序将两个词连

在一起(例如一个形容词和一个名词或者一个名词和一个动词)。必要时不断重复这个过程并且每次添加新的词或词组。

例如,句子"杯子碎了"(The glass broke)。人们从单词 The(定冠词,用在特定或已知的名词前表示特指)和 glass(杯子)开始着手,将两个词组合成一个词组 The glass。

接着人们将这个词组跟动词"碎了"(broke)结合在一起。

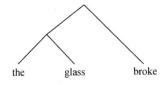

句子就像倒着长的大树,会向下生出无数个枝杈,因此我们无法限定句子的长度。连孩子睡觉前讲的故事都体现了这一点:"你还记得那只在杰克房子里追着抓吃奶酪耗子的猫的狗吗?"无论我们要表达的信息多么复杂、多么委婉、多么冗长,语言中的造句方法总会使我们畅所欲言。

摇篮中的语法?

年龄很小的孩子也能从话语中辨认出经常被使用的句式,这种能力是与生俱来的。在一个非常著名的实验中,实验者格瑞·马克思(Gary Marcus)和他的同事让 7 个月大的孩子听一段话,长度为两分钟,里面包括有几个无意义的音节组成的句子,这些句子在这段话中被重复了 3 遍,例如下面的两个例子:

> ga ga ti ... ga ga ti ... ga ga ti
> li li na ... li li na ... li li na

这些特殊的句子由两个相同的音节和一个不同的音节组成,因此它的组成模式为"XXY"。

接着孩子又听到 12 个新句子:其中有 6 句为"XXY"模式(例如 bo bo na 或者 re re nu);其他 6 句的模式为"XYY"(句子中后两个音节相同,例如 fe wo wo 或者 ta gi gi)。这种模式孩子事前没有接触过。

实验结果发现,孩子听到这些句子时都会盯着发声器。但当他们听到新的句子模式时,所有孩子关注发声器的时间要比听到熟悉句子模式的时间长。他们似乎可以辨认出"bo bo na"跟"ga ga ti 和 li li na"很像,而"fe wo wo"是全新的、更有趣的句子模式。这种能力标志着孩子辨认出造句时所使用的句子模式。

事实上,有实验证明孩子在造句之前就已经熟悉了多种不同的句法模式。在一项特别有趣的实验中,林·思恩托门(Lynn Santelmann)和彼得·朱思科让两组孩子(1岁3个月、1岁半)听两段话,其中一段话中包括现在进行时句式(is + 动词 ing),而一段话中包括错误的句法模式(情态动词 can + 动词 ing),如下:

is + 动词 ing	情态动词 can + 动词 ing
At the bakery, everyone IS BAKING bread. One person IS MIXING the flour and water together. Someone else IS ADDING salt and yeast. In the next room, a machine IS KNEADING the dough...	At the bakery, everyone CAN BAKING bread. One person CAN MIXING the flour and water together. Someone else CAN ADDING salt and yeast. In the next room, a machine CAN KNEADING the dough...

在一家面包房里,每个人都在做面包。一个人在和面,另一个人在往面里加盐和发酵粉。在另一间屋子里一台机器正在揉面团。

尽管两组孩子都不会使用进行时态造句,但对于1岁半的孩子来说,当他们听到进行时态句式时,他们所关注的时间要比听到另一种句式的时间长一些。这也就证明孩子们辨别出进行时态(is+动词ing)是人们经常使用的句式。

真正的词汇和句子

大多数的孩子在1岁半到2岁的时候开始合用单词,牙牙学语。这时他们所掌握的单词量大约有50个左右。

从下面的坐标图我们可以看出,达蒙小朋友就是个典型的代表。当然,不同的孩子情况也会有所不同(有些孩子语言发育稍早些,而有些则稍晚些)。

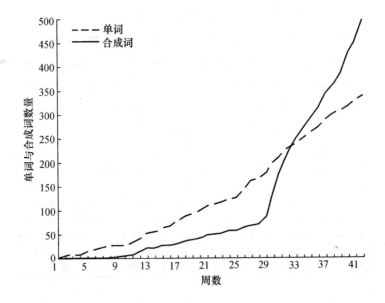

在达蒙 1 岁 3 个月大时,他已经学了三个多月的英语,单词量达到 50 个,这是他语言学习进程的第一个里程碑。这时,合并单词的数量有所增加,一开始还比较缓慢,但随后速度飞快。学习满 9 个月时,达蒙可以造出 500 个不同的句子。

造句能力发展的轨迹

语言学家通过计算有意义的语句长度(简称 MLU),跟踪孩子造句能力的发展情况。这种方法取决于孩子所造的句子中有多少有意义的元素(专业术语为词素)。例如,亚当说"玩跳棋"(Play checkers)。这句话中有三个词素"玩 play"、"跳棋 checker"和"名词复数后缀-s"。(附录 1 中有介绍如何计算 MLU 的详细说明)

随着时间的变化,孩子造句长度不断增加,一项大规模的研究表明,孩子的造句长度以平均每年 1.25 个词素的速度增长。哈佛大学著名的研究者对三个孩子(亚当、伊芙和萨拉)的语言发展进行研究,并将研究结果展示如下图所示。

从曲线图中可以看出,伊芙造句能力的提高要比其他两个孩子快得多。2 岁时她已经掌握了 3 个词素,比亚当和萨拉提前近一年。这些结果都表明有些孩子语言能力发展比较快。但通常人们并不在乎孩子之间语言能力发展速度的差异。

有意义语句长度的增长如何在孩子语言中体现出来呢?我们将亚当从 2 岁 3 个月到 3 岁 2 个月之间所说的话进行对比(由 Steven Pinker 记录):

孩子如何学英语

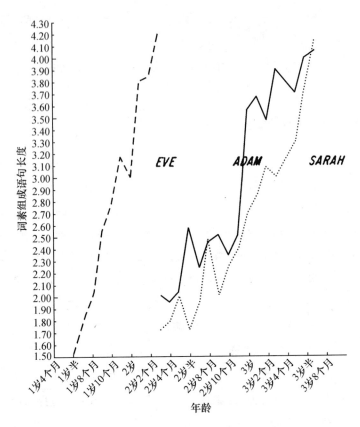

亚当 1 岁内的语句示例

年龄	语句示例
2 岁 3 个月	Play checkers. 玩跳棋。 Big drum. 大鼓。 I got horn. 我拿到喇叭了。 A bunny-rabbit walk. 兔子跳。
2 岁半	Write a piece of paper. 写一张纸。 What that egg doing? 那个鸡蛋在干吗? I lost a shoe. 我丢了一只鞋。 No, I don't want to sit seat. 不，我不想坐椅子。

（续表）

年龄	语句示例
2岁8个月	Let me get down with the boots on. 让我穿着靴子下去。
	Don't be afraid of a horses. 别怕马（应该是"a horse"）。
	How tiger be so healthy and fly like kite? 老虎为什么那么健康而且飞起来像只风筝？
	Joshua throw like penguin. 约书亚像企鹅一样抛出去。
2岁10个月	Look at that train Ursula brought. 看厄休拉买的火车。
	I simply don't want put in chair. 我就是不想放椅子进去。
	Don't have paper. 没有纸。
	Do you want little bit, Cromer? 克罗姆，你想来点儿吗？
	I can't wear it tomorrow. 明天我不穿这个。
3岁	I going come in fourteen minutes. 我14分钟后就来。
	I going wear that to wedding. 我要穿这件参加婚礼。
	I see what happens. 我看见发生什么了。
	I have to save them now. 我必须把他们攒起来。
	Those are not strong mens. 他们并不健壮（应该是 men）。
	They are going sleep in wintertime. 他们冬天时要冬眠。
	You dress me up like a baby elephant. 你把我穿得像只小象。
3岁2个月	So it can't be cleaned? 所以这清理不净了，对吧？
	I broke my racing car. 我把赛车弄坏了。
	Do you know the lights went off? 你知道灯坏了吗？
	What happened to the bridge? 桥怎么了？
	Can I put my head in the mailbox so the mailman can know where I are and put me in the mailbox? 我能把头放进邮箱吗？这样邮递员就知道我在那儿，然后把我放进邮箱里了（应该是 where I am）。

从上面的句子中我们可以看到，亚当的语言发展速度很快、所

造的句子也越来越长。以前在句子中省略的单词如"定冠词 the"和"be 动词 is"也被恢复使用。他还使用了不同的否定表达句式,如一般动词否定 don't、情态动词否定 can't、系动词否定 am not,以及多种问句形式,如"你知道……吗?"、"我能做……吗?"、"发生了什么事?"

这些进步都应该引起人们进一步关注。我们先从孩子早期语句的设计、句子成分安排入手,看看孩子使用和忽略了哪些单词。然后我们再分析比较复杂的句式(包括否定句、疑问句和关系从句)。这些内容都是掌握和理解一门语言的关键。

2. 关键单词

孩子最早造出的句子大多只有两个单词,就像下面一位名叫格雷戈里的小朋友所说的:

看男孩 see boy	推它 push it	鞋都没了 allgone shoe
看袜子 see sock	移开它 move it	蛋都没了 allgone egg
看多热 see hot	关上 close it	表都没了 allgone watch
	做吧 do it	维生素片都没了 allgone vitamins

许多孩子早期的语句就是由几个关键单词组成的,这些单词像钩子一样连接其他的词。

例如上面的例子里"看"、"它"和"都没了"就是关键词。他们与不同的单词搭配,反复被使用。

2 岁 1 个月的时候,孩子就可以造出由 3 个或 3 个以上单词组成的句子了。这一转变过程非常快,通常只需要几周的时间,孩子制造长句子的数量就可以从占说话总数的 15% 提高到 50%。

大量的实验研究证明,学习造句的过程同样也是基于固定的句式。孩子似乎先设定好句子模式,然后把遇到的新词直接放入句型中,例如"X 在哪儿?"、"把 X 放在这儿"等等。这种技巧被称作"剪切并粘贴"。

X 在哪儿? Where's the X?	我想要 X。 I wanna X.	这是 X。 It's a X.
球在哪儿? Where's the ball?	我想走。 I wanna go.	这是老鼠。 It's a mouse.
书在哪儿? Where's the book?	我想看电视。 I wanna watch TV.	这是玩具车。 It's a toy car.
我在做某事。 I'm X-ing it.	把 X 放在这儿。 Put X here.	我们一起做某事。 Let's X it.
我在做呢。 I'm doing it.	把娃娃放在这儿。 Put dolly here.	我们一起洗吧。 Let's wash it.
我在打扫呢。 I'm cleaning it.	把牛奶放在这儿。 Put milk here.	我们一起喝吧。 Let's drink it.

大多数长句子的核心是动词。而且,动词将影响句子中其他成分的选用。例如,如果我们使用"推 push"这个动词,那么整句话中还要包括两个名词或代词——一个指代"推"动作的发出者;一个指代"推"动作的承受对象(人或事物)。

```
                1             2
       You can PUSH the carriage.
       你   能  推      车。
```

如果动词是"给 give",在句子中我们就要使用 3 个名词或代词——一个为动作"给"的发出者;一个指代"给"的物品;一个指代动作的接受者。

```
            1              2     3
       Mommy  will  GIVE  you  juice.
       妈妈    会    给    你   果汁。
```

但如果动词是"下落 fall",句子里可能只需要一个人。

```
              1
           She  fell.
           她  摔倒了。
```

孩子似乎意识到动词的重要性,因此在使用新的动词时他们都非常谨慎。他们只在曾经听到过的句式里使用新动词。与此不同的是,当他们遇到新的名词时,便马上运用名词的不同形式,比如名词的单数、复数。

如果孩子听过"他们搭建了棚子(They assembled the shed.)"这句话,那么在另一种语境中,她会十分谨慎地使用"搭建 assemble"这个动词,比如她不太可能说"棚子搭起来(The shed assembled.)"。但是她会马上联想到"棚子 shed"这个词有复数形式(sheds),而且在其他句子中的位置也不同,例如"我们需要一个新棚子(We need a new shed)"或者"棚子里有只毛毛虫(There's a caterpillar in the shed.)"。

慢慢地,孩子所造的句子会越来越新颖、越来越开放。他们的句子中也会出现更加丰富多样的句式。这些都归功于一些惯用的规律,这些规律将不同的句子成分排列、连接起来。接下来我们要讨论将句子成分连起来。

3. 将句子成分连起来

每种语言都有自己独特的方法来区分主语(通常为动作实施方)和直接宾语(动作承受方)。否则我们就无法理解"汽车推动卡车(The car pushed the truck)"这句话的含义了——因为"推动"这个动作的实施方可能是汽车,也可能是卡车。英语中有一个简单的解决方法:主语放在动词的前面,直接宾语放在动词后面。

> The car   pushed   the truck.
> 汽车   推   卡车。
> 主语   动词   直接宾语
> 动作实施方   动作承受方

所以这句话的意思就是:汽车发出推的动作,卡车是这个动作的承受方。

孩子在语序方面似乎没什么困难,即使在很小的时候,他们使用语序的正确率也在95%左右。但这里还有个小例外:当句子中没有直接宾语时,孩子偶尔会颠倒动词和主语的位置。以下是1—2岁的孩子造的句子:

> Going it. 他走了(那欧米,1岁10个月)。

> Going (re)corder. 录音开始(那欧米,1岁10个月)。
> Come car. 车来了(伊芙,1岁半)。
> Came a man. 来了个人(伊芙,1岁半)。
> Fall pants. 裤子掉了(妮娜,1岁11个月)。
> Fall down lady. 女士摔倒了(妮娜,1岁11个月)。
> Come Lois. 路易斯来(彼得,2岁1个月)。
> Broken the light. 灯坏了(彼得,2岁2个月)。

这些以动词开头的句子非常少见,只有在描述动作或某种变化时才偶尔使用(比如来、走、摔倒或损坏)。动词"跳"和"吃"不能被用在句首。

大规律、小规律

孩子能很好地掌握句子中各个成分的语序,他们是怎样做到的?一种可能是他们掌握了大规律——"名词总是在动词前面"。

另外他们还学习了一堆的小规律——每条规律对应一个动词,比如把主语放在动词"推"的前面、把主语放在动词"读"的前面、把主语放在动词"吃"的前面等等。

大规矩	小规矩
名词总是在动词前面	把主语放在动词"推"的前面
	把主语放在动词"读"的前面
	把主语放在动词"吃"的前面
	……

成人都掌握了句法中的大规律,因此在接触新动词时,就会习

以为常地将动词放在主语后。然而,纳米拉·阿克塔(Nameera Akhtar)通过实验证明,孩子是先从遵守小规律开始学习的。

在这个实验中,实验的对象为 2—4 岁的孩子。实验者首先教他们三个编造的动词(tam,gop 和 dack)。这三个动词分别代表三个虚拟的动作。实验者将三个动词和一个木偶人物放在一起组成句子如下:

> **主语—动词—宾语　语序**
> 伊欧莫 tammed 苹果(英语中的正常语序)
> Elmo tammed the apple.
> **主语—宾语—动词　语序**
> 伊欧莫 苹果 gopped(英语中不存在的语序)
> Elmo the apple gopped.
> **动词—宾语—主语　语序**
> Dacked 苹果 伊欧莫(英语中不存在的语序)
> Dacked the apple Elmo.

要强调描述动作时,2—3 岁的孩子都愿意使用英语中不存在的句式。例如,如果他们听到实验者说"Dacked 苹果 伊欧莫",在强调动作时他们会选用这句话。看起来,孩子在学习新动词时,遵循的是每个动词对应的句法小规律。他们并没有意识到,在英语中所有的主语都要放在动词之前。

然而,4 岁孩子的表现与他们不同。当他们学习新动词时,无论听到的是什么样的句式,他们都会坚持"主语—动词—直接宾语"的句式。因为他们已经像成人一样掌握了句法中的大规律——无论使用什么动词,主语都要在动词之前。

4. 重要部分缺失

尽管主语、动词和直接宾语都是组成句子的重要部分,但孩子在早期造句时经常会丢失这些部分。

> **缺失主语**
> __ see boy.(　)看男孩。
> __ helping mommy.(　)在帮妈妈。
> **缺失动词**
> Ken __ water.(应该是 Ken is drinking water 凯文在喝水)
> Eve __ lunch.(应该是 Eve is eating lunch 伊芙在吃午饭)
> **缺失直接宾语**
> Lady go __. 女士去(　)。
> Man taking __. 男士拿着(　)。

句子中缺失动词的现象并不多见,但却经常缺失直接宾语。一项针对1岁10个月至2岁2个月孩子的研究显示,直接宾语的缺失率在4%—14%之间。

然而,最常见的错误是句子中缺失主语。实验证明,在孩子早期的语言中,主语缺失的频率在30%—60%之间,远远超过直接宾语的缺失率。下面的数据是三个孩子话语中主语和直接宾语缺失的比例(亚当、伊芙和萨拉)。

主语与直接宾语缺失比率

	亚当(%)	伊芙(%)	萨拉(%)
主语	57	61	43
宾语	8	7	15

卡在瓶颈处

为什么孩子造的句子里会缺失句子成分？一种理论认为，当孩子们处于语言瓶颈时，他们被迫省去句子成分。

基本理论认为，对一个初学者来说，制造一个完整的句子相当困难——既要选择正确的单词，又要将单词与其他词结合在一起，还要将每个单词按适当的顺序排序，而且在使用下一个单词时还要重复以上整个过程。结果，孩子的思路超负荷运作，以至于无法将他们想表达的所有单词放置在句子中。

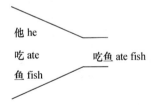

如果造句过程瓶颈理论成立，那么我们可以推论：造长句子时缺失句子成分的现象要多于造短句时的情况，因为长句子的制造过程更为复杂。保罗·布鲁姆（Paul Bloom）通过对三个孩子（亚当、伊芙和萨拉）20个小时内使用主语的情况进行研究，以检验这一理论的正确性。实验证明，正如过程瓶颈理论预测的那样，长句子缺失主语的可能性要高于短句子。

但为什么主语的缺失情况要比直接宾语的严重？这是因为孩子总是会先舍弃最无关紧要的单词。在许多情况下，这些词恰恰就是主语。例如下面对话片段中的第二句话：

> 玛丽在哪儿？Where's Mary?
> 她回家了。She went home.

大家都清楚这里的"她"指代第一句中的玛丽。很多主语都是这样被使用的——它们经常指代已知的某人或某物。因此，在不产生歧义的情况下，这些主语通常被省略。所以这也是为什么人们总会先省略主语的原因，也就解答了在孩子的语言中主语缺失频率高的问题。

5. 小部分缺失

孩子的早期语言中同样也会缺失一些小部分：特别是过去式后缀"-ed"、Be 动词、所属格"'s"、名词复数后缀"-s"、定冠词"the"以及不定冠词"a"。

哈佛大学的研究者记录了亚当在 2 岁 4 个月大时与妈妈的对话。通过这些对话，你会发现句子中小部分缺失的问题。在表中间，我已经补充了缺失的部分并用黑体字标出来。表的最右边是对这些词的解释：

亚当与妈妈的对话	完整句子	缺失的成分
亚当：what dat? 那是啥？	What's that?	动词"is"的缩写形式
亚当：other one. 另一个。 妈妈：don't touch. 别碰。	**the** other one	定冠词
亚当：touch other one. 碰另一个。 妈妈：That's very pretty.	touch **the** other one	定冠词
亚当：dat very pretty. 那很漂亮。	That's very pretty.	动词"is"的缩写形式
亚当：fix screwdriver. 用螺丝刀修理。 妈妈：you can fix the screws in the firetruck. 你可以修理救火车里的螺丝。	Fix **with the** screwdriver	介词；定冠词
亚当：screw firetruck? 救火车螺丝？	Screws **in the** firetruck?	名词复数结尾；介词；定冠词
亚当：dat busy bulldozer. 那个推土机很忙。	That's **a** busy bulldozer.	动词"is"的缩写形式；不定冠词
亚当：busy bulldozer truck. 繁忙的推土车。 妈妈：how many? 有多少？	**a** busy bulldozer truck	不定冠词
亚当：two busy bulldozer. 两辆推土机。	two busy bulldozer**s**	名词复数结尾

  由于这些缺失小部分成分的句子与写电报或书面广告的模式相似,因此被称作"电报式"语言(在发明使用 e-mail 之前,电报的写法是"今晚 7 点到,航班 202(Arrive tonight 7:00, flight 202)",或许有些人不太熟悉这种写法)。

  当人们发电报或公布广告时,是以字数计费的。因此人们要尽量减少字数。孩子在早期语言发育阶段,由于造句的过程很艰苦,他们同样面临着"以字计费"的艰难情形。因此他们也懂得以最经济的方式进行沟通。

当这些并不意味着孩子没有意识到结尾处的后缀以及"功能单词"(比如定冠词 the、不定冠词 a、be 动词、介词 with 等等)。在一个实验中,研究者使用两种句子来引导 1 岁 9 个月至 2 岁 4 个月的孩子指出图片上的相应图案。其中一句是"Find THE dog for me"(帮我找到小狗);另一句中将"THE"换成了"was"——"Find WAS dog for me"。

实验结果表明,即便那些还没有习惯使用定冠词的孩子,他们对第一句的理解要远远好于第二句。有证明显示,当 11 个月大的孩子听到冠词"a"和"the"被无意义的音节替代时,也会表现出很惊奇。而且当听到"book the"和"the book"对比时,他们也知道那组词出现错误。

孩子同样也能很好地掌握不定冠词"a"和定冠词"the"的使用。回想上一章中提到的"姬芙实验":1 岁 5 个月大的孩子都能知道不定冠词"a"+ 姬芙指代一类娃娃,而姬芙则是特定娃娃的名字。

一个接一个

追溯到 20 世纪 70 年代,哈佛大学的乔治·布朗(Roger Brown)教授是最早对儿童语言进行研究的学者之一。他通过实验来验证,孩子语句中缺失的小部分(我们刚刚讨论过)能否在句子中的某一恰当之处自我恢复。他认为如果结尾后缀或一个词在三段连续的录音片断中正确使用率在 90% 以上,那么就可以断定这些后缀和词已经被真正掌握了(这些片段的录制历时两周,中间间隔了几个月的时间)。

通过对亚当、伊芙和萨拉的研究,布朗教授得到了一个重大发现:他发现孩子在掌握后缀和功能性词汇的顺序惊人相似。

典型的发展顺序

项目	例子
1. 现在进行时-ing	playing 正在玩
2—3. 在……里 in, 在……上 on	in the house 在房子里, on the bed 在床上
4. 名词复数-s	cats 多只猫, books 多本书
5. 不规则动词过去式	ate 吃, ran 跑
6. 所有格's	Cromer's car 克鲁莫的车
7. be 动词 is(用于单数名词),are(用于复数名词)等等	Guess where he is 猜猜他在哪?
8. 冠词 a, the	the apple 那个苹果, a snake 一条蛇
9. 规则动词过去式-ed	walked 走过去, jumped 跳过去
10. 动词第三人称单数-s	She knows 她知道

请注意,这些顺序仅仅是趋势,并不是绝对的,而且不同的孩子情况也有所改变。那么,这样的发展顺序会如何解释孩子语言学习的规律?通过观察孩子最先接触的词缀与功能词的进展情况,我们很可能判断出那些有助于或阻碍语言认知的因素。

到目前为止,研究证明四个最重要的因素为:规律性、经常性、读音"可视性"以及语义透明性。

有助语言能力提高的因素	阻碍语言能力提高的因素
规律的模式	不规律的模式
经常出现	不常出现
读音容易掌握	读音不容易掌握
含义清晰	含义模糊

后缀-ing 和介词"在……里 in"、"在……上 on"具有这 4 个方面的特征,都属于布朗教授所列词汇的范畴:他们没有不规则的变化形式、使用频率相对较高、都是全音阶发音、便于发音、所表达的含义很清晰。

相反,动词第三人称单数后缀"-s"(He works hard 他努力工作)既没有特别清晰的读音,使用频率又不高,而且表达的含义又不明确。因此毫不意外地被排在布朗教授单词表的底部。

动词第三人称单数"-s"与名词复数后缀"-s"的比较也很微妙。既然两者都不是全音阶发音,两者又都是规则形式,那为什么名词复数后缀"-s"首先被孩子掌握呢?

问题的关键或许在使用频率上。下面的表格中展示了孩子在与家长进行对话时,使用名词复数后缀-s 与使用动词第三人称单数-s 的情况:

两种后缀"-s"的使用频率

	所有位置	句尾
名词复数-s	285	148
动词第三人称单数-s	55	9

从数据中可以看出名词复数后缀-s 的使用频率远远超过动词第三人称单数-s,尤其在句子的结尾处,比如 Those are books 那些是书(特别明显的位置)。

关于单词的掌握顺序,我们仍有些疑问。例如为什么冠词"the"和"a"的习得相对较晚?这两个词读音清晰、使用规律性强而且使用频率高。是不是他们的含义阻碍了孩子对两个词的掌握?

也许是因为两个词的含义影响了孩子对他们的理解和掌握。这两个词对于第二语言成人学习者来说都相当难理解,尽管这些成年人还获得了细致地讲解和充分的练习。那么是什么使有些含义容易理解而有些则很难理解呢?目前我们还不能轻松地解答这个问题。

6. 学会说"不"

当人们想表达对一些事物的否定含义("外面在下雨"或"茄子味道不错"),他们会在一些"浅意"动词(情态动词 can、be 动词、助动词 have 或 do)后面添加否定词"not"。(称这些动词为"浅意"动词,是因为他们本身不带有任何含义,一般是辅助实意动词(比如去 go、读 read、吃 eat 等等),被称作"助动词")。

句子	否定
It's raining outside. 外面下雨了。	It's **not** raining outside. 外面没下雨。
She has finished. 她完成了。	She has **not** finished. 她还没完成
I may leave. 我可能会走。	I may **not** leave. 我可能不会走。

如果句子中没有助动词,那么在表达否定时一定要加上助动词"do":

句子	否定
Eggplant tastes good. 茄子很好吃。	Eggplant **does** not taste good. 茄子不好吃。
I ate my supper. 我吃过晚饭了。	I **did** not eat my supper. 我没吃晚饭。

孩子在表达否定含义时所使用的方式,在某些程度上与成人不同:他们不知道该使用"no"还是"not";经常忘记加助动词来表

示否定；有时还会把否定词放错位置。

是"no"还是"not"？

在否定句中，孩子经常使用的否定词是"no"而不是"not"。下面句子中有两个句子就是这种情况：

> No singing song. 不唱歌。
> Not have coffee. 不喝咖啡。
> Not write this book. 不在书上写字。
> No eating that one. 不吃那个。

人们不能清楚地解释为什么"not"经常被"no"代替。

有一种可能是，对于孩子来说，与"not"相比"no"更容易被听到。我们使用"not"时，经常使用它与动词的缩写形式，因此"not"的读音也被埋在整个句子中（比如我们常说"**I wasn't** watching 我没看"而不是说"**I was not** watching"）。

相反，"no"经常单独使用或是被安排在句首（比如"No, you can't have that."不，你不能拿那个。），而且"no"的读音为重音（有时甚至大喊出来）。这些因素都使得孩子更容易注意"no"，所以他们才会坚持使用"no"来表示否定。

无助动词

孩子在表达否定含义时不使用助动词，而是直接将否定词与其他词连在一起。

孩子的语言	成人的语言
No singing. 不唱。	She is not singing. 她没在唱歌。
No cup. 不杯子。	That is not a cup. 那不是杯子。
No ready. 没好。	I am not ready. 我还没准备好。

当孩子掌握了助动词"be"的使用方法后,以上的这些错误就会慢慢消失了。

以否定词开始

当句子中包含主语和否定词时,一般在孩子的话语中会出现两种情况:通常情况否定词会在主语和动词之间,类似成人的用法:

> Me not do that. 我不做。
> Mommy not here. 妈妈不在这儿。

但有时候否定词也会提前。下面是1岁半至2岁半孩子说的话,从这些例子中我们可以看到否定词提前的现象。

> No the sun shining. 没有阳光。
> No I see truck. 不,我看见卡车。
> Not Frazer read it. 不,弗雷泽读它。
> No Mommy giving baby Sarah milk. 不妈妈给小萨拉牛奶。

> No Mommy doing. David turn. 不是妈妈做的，大卫打开的。
> No lamb have it. 不小羊有。
> No lamb have a chair either. 不小羊也有椅子。
> No dog stay in the room. Don't dog stay in the room. 不狗待在屋子里。
> Don't Nina get up. 妮娜没起床。
> Never Mommy touch it. 妈妈从来不碰。
> No Leila have a turn. 不雷纳有机会。
> Not man up here on his head. (= "The man isn't up here on his head.") 没有那个人自己来的。

关于这些句子是否合理，人们争议不断。从上面的例句中我们可以发现，至少有些句子没有完全表达出否定的意思。但这些例子也反应出一个问题：当孩子们说"No car going there"，他们也许并不是指"车不从这里过"，而是指"不，车从这里过"。

而且有些句子的意思完全不同："no"在这里用来表示"我不想……"。我们来看看下面 2 岁的妮娜和妈妈的对话：

> 妈妈：Can you put it on the floor? 你能把它放在地板上吗？
> 妮娜：No have it, Mommy. 没有，妈妈。
> 妈妈：You don't want me to have it? 你不想把它给我吗？

> 妮娜：*No. No. No lamb have it. No lamb have it.* 不，不，羊没有。羊没有。
>
> 妈妈：*You don't want the lamb to have it either.* 你也不想给小羊。

注意"No lamb have it"这句话，它的意思是"我不想给小羊椅子"，而不是"小羊没有椅子"。同样的问题在下面的例子中也出现了：

> 妈妈：*Let me try it.* 让我试试（妈妈在吹哨子）。
>
> 妮娜：*Yeah.* 是。
>
> 妈妈：*What's Mommy doing?* 妈妈在干吗？
>
> 妮娜：*No Mommy doing. David turn.* 不妈妈做，到大卫了（妮娜把哨子给了大卫）。

上面的例子中"*No Mommy doing*"要表达的含义是"我不想让妈妈做"，而不是"妈妈没在做"。

那么当孩子们将否定词用在句首时，这些句子还能否表达否定含义呢？事实上有一些句子是可以的。比如，我女儿1岁半时，有一次我们在一起讨论噪音。她大声宣布"No MG noisy. No."意思是"名爵没噪音"（MG，名爵，英国的汽车品牌）。

但是女儿并不会经常使用这种方式（否定词在主语前表示否定含义）。类似"名爵"这样的例子非常少见。凯恩斯·琼兹（Kenneth Drozd）对123个孩子进行研究后发现，只有10个孩子曾经使用过这种方式,而且也只使用过一次而已。

7. 我,我(宾格)和我的

英语中另外一个非常重要的因素是代词(例如我、你、他/她)。代词会根据在句子中的功能(作主语、宾语或所有者)来变化不同的形式。

用作主语	用作直接宾语	用作所有者
I can go. 我能去。	Mommy saw me. 妈妈看见我了。	my book 我的书
You can go. 你能去。	Mommy saw you. 妈妈看见你了。	your book 你的书
He can go. 他能去。	Mommy saw him. 妈妈看见他了。	his book 他的书
She can go. 她能去。	Mommy saw her. 妈妈看见她了。	her book 她的书
They can go. 他们能去。	Mommy saw them. 妈妈看见他们了。	their book 他们的书

对于很多孩子来说,最初使用代词时,他们经常会用或过度使用宾格代词(比如我 me、他 him、她 her 等等,宾格代词一般放在动词后面作宾语)。孩子将这些宾格代词用作直接宾语和主语:

> **宾格代词在直接宾语的位置上(正确用法)**
> Cuddle ME. 抱抱我(1岁9个月)。
> Help ME out. 把我找出来(1岁8个月)。
> Pinch HIM. 捏他(1岁9个月)。
> Paula put THEM. 波拉推了他们(1岁半)。
> Want THEM. 想要他们(2岁)。

> **宾格代词在主语的位置上（错误用法）**
> ME got bean. 我有豆子（1 岁 5 个月）。
> ME want one. 我要一个（1 岁 9 个月）。
> Me sit there. 我坐在那儿（1 岁 9 个月）。
> HER do that. 她做的（1 岁 8 个月）。
> HIM gone. 他走了（1 岁 8 个月）。
> HIM naughty. 他淘气（2 岁）。

相反，主格代词却很少被孩子用作直接宾语。因此，我们很少听孩子们说"Help I"而是"Help me"（帮帮我），或者"Watch she"而是"Watch her"（看着她）。

为什么只有宾格代词被过度使用呢？也许是因为宾格代词比较容易引人注意。与主格代词不同，宾格代词可以单独使用，比如"Who's there?"谁在那儿，回答一般都是"me"（宾格代词 我）而不是"I"（主格代词 我）。

这个观点却无法解释另一个谜题：孩子使用代词"her"（宾格"她"或所属格"她的"）的次数要远远超过使用其他代词。马修·瑞斯波利（Matthew Rispoli）对 2—3 岁孩子使用代词情况进行研究，发现他们差不多有一半的时间将代词"her"用作代词"she"（主格她）。但是其他代词的混用现象（将宾格代词"him"用作主格代词"he"（他）以及宾格代词"them"用作主格代词"they"（他们））只有 10%。

错误	频率（%）
she→her	49
he→him	11
they→them	12

这是为什么呢？

瑞斯波利认为答案或许可以从下面的英语代词表中找到：

主格代词	宾格代词	物主代词
I 我	me 我	my 我的
he 他	him 他	his 他的
she 她	**her 她**	**her 她的**
they 他们	them 他们	their 他们的

代词表中"her"出现了两次：既表示宾格代词"她"（在句中做宾语如 I saw her 我看见她了），又表示物主代词"她的"（her book，她的书）。瑞斯波利认为正是"her"的这两种完全一样的拼写对孩子产生了影响。这是因为两种完全相同的拼写具有极强的影响力，以至于覆盖了主格代词"she"。而其他代词的不同形式都完全不相同，因此也就不会出现这样的问题。

另外，孩子每天听到的代词使用方式也可能成为解释这个问题的答案。凯尔森·斯楚基（Carson Schütze）在一篇 100 万字的文章中发现，主格代词"I"的使用频率是宾格代词"me"和物主代词"my"合起来的 2 倍；主格代词"he"是宾格代词"him"的 4 倍。相反，主格代词"she"的出现频率与宾格代词/物主代词"her"差不多相同（因为"她"的宾格代词和物主代词形式一样）。

或许家长对孩子说话的方式也是原因之一。我们经常听见家长说主格代词"I"和"he"，所以这两个代词不易被其他形式的代词所取代。

过度使用宾格代词是一个普遍错误，但并不是所有孩子都会犯这种错误。有些孩子从一开始就能分清主格代词和宾格代词，使用错误率不到5%。而且,有的孩子不是直接掌握某种代词,比如他们必须通过学会宾格代词"me 我"和所有格代词"my 我的"才能真正掌握主格代词"I 我"。

> I like Anna. 我喜欢安娜。
> I cried. 我哭了。
> MY want the little ones. 我想要小的。
> MY taked it off. 我脱下来了。
> ME jump. 我跳。

大家不断争论,有多少孩子将物主代词"my"用作主语以及这种错误的频率是多少。如果我们所得到的实验报告是正确的,那么将物主代词"my"作为主语的目的,就是用来强调说话者要实施的动作。

> MY blew the candles out. 我把蜡烛吹灭了。
> My cracked the eggs. 我把鸡蛋打破了。
> MY ware it. 我要戴……(要求带麦克风)。

8. 谁?什么?在哪儿?

英语中的疑问词包括"谁 who"、"什么 what"、"在哪儿 where"、"为什么 why"、"如何 how"和"什么时候 when"。由于这些疑问词大多以"wh"字母开头,因此他们又被称作"wh 单词";用他们所造的句子被称作"wh 问句"。

> 一些"wh 问句":
> WHERE did mommy go? 妈妈去哪儿了?
> WHAT can I do? 我能做什么?
> WHO left this on the floor? 谁把它留在地板上的?
> WHY do I have to go to bed? 我为什么必须上床睡觉?

有迹象表明孩子先掌握"在哪儿 where"和"什么 what"这两个疑问词,随后是"谁 who"、"怎么样 how"和"为什么 why"(请注意,这只是根据数据统计的结果,有些语言发展顺序会因不同孩子的具体情况而变化)。

"wh 疑问词"的掌握顺序

wh 疑问词	掌握的年龄
哪儿 where,什么 what	2 岁 2 个月
谁 who	2 岁 4 个月
怎样 how	2 岁 9 个月
为什么 why	2 岁 11 个月
哪一个 which,谁的 whose,什么时候 when	3 岁以后

孩子先掌握"在哪儿 where"和"什么 what"这两个疑问词是因为:80% 的 wh 疑问句里都包括"在哪儿 where"这个词。而且与"谁 who"相比,家长多用"什么 what"进行提问,因为对于孩子来说,不熟悉的事物要远远多于不熟悉的人。

你要什么？

孩子对疑问句的掌握也取决于对 wh 疑问词词性的理解，特别是有些疑问词指代句子的主语或宾语。

> **主语疑问句**
> Who is helping Max? 谁在帮马克思（答案是：玛丽在帮助他）？
>
> **宾语疑问句**
> Who is Max helping? 马克思在帮谁（答案是：他在帮苏珊）？

科林·斯特姆斯伍德（Karin Stromswold）进行过一个实验，研究 12 名 1 岁 2 个月至 2 岁半的孩子所造的主语疑问句和宾语疑问句。通过分析 13000 个 wh 疑问句，她得出结论：有些孩子先掌握主语疑问句，而有些孩子则先掌握宾语疑问句。整体来看，孩子使用主语疑问句的数量要多于宾语疑问句。

同时我们还可以推断：由于宾语疑问句的语序与陈述句（主语—动词—宾语）不同，因此掌握宾语疑问句的难度要稍大一些。

> wh 宾语疑问句
> Who is Max helping __? 马克思在帮助谁？
>
>   ↑
> wh 疑问词出现在句首 正常语序中宾语的位置
>
> 回答：他在帮助苏珊。

相反，由于主语疑问句的语序与陈述句语序一致，因此掌握主语疑问句要简单得多。

> wh 主语疑问句
> Who is helping Marx? 谁在帮助马克思？
> ↑
> 主语疑问词与陈述句主语位置一致
> 回答：玛丽在帮助他。

吉永直子发现一种简单的方法，来检验孩子对主语疑问句和宾语疑问句的掌握。她跟孩子们坐在一起，旁边放着一个毛绒玩具（例如维尼熊），让孩子们看图片上的画：

画面表现了两个参与者在做某项动作，但其中一个参与者被挡起来了。

吉永直子问孩子:

> 有个人在推这只猪,维尼熊知道是谁,你问问他好吗?

孩子正确反应应该是"Who is pushing the pig? 谁在推这只猪?"(主语疑问句)

第二幅图片的情景有所不同:

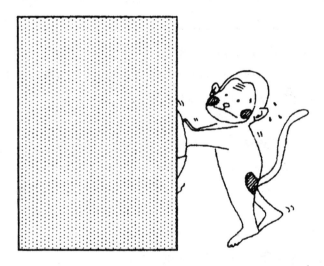

这次吉永直子又问孩子:

> 猴子在推某个人。维尼熊知道那是谁,你问问他好吗?

正确的回答因该是"Who is the monkey pushing? 猴子在推谁?"(宾语疑问句)

大部分孩子都能正确回答出主语疑问句,但却很难说出宾语疑问句。2岁的孩子几乎不能说出宾语疑问句,3岁孩子的正确率也不到一半。

实验结果

疑问句类型	年龄组(岁)			平均律
	2	3	4	
主语疑问句 who	100%	97.2%	88.6%	93.5%
宾语疑问句 who	8.3%	41.7%	79.6%	55.4%

当孩子不知道如何说出宾语疑问句时,他们就用主语疑问句代替。所以他们做出的反应是"Who is pushing the monkey? 谁在推猴子"而不是"Who is the monkey pushing? 猴子在推谁?"。

正确答案	孩子们的答案
Who is the monkey pushing?	Who is pushing the monkey?
直接宾语　主语　动词	主语　动词　直接宾语

请注意,在错误的疑问句中(第二个),主语像往常一样被安置在动词之前,而宾语被安放在动词之后。

但是并不是所有的宾语疑问句都那么难掌握。对于类似"What is the monkey drinking? 猴子在喝什么?"这样的句子,孩子就很少犯错。因为他们不用考虑句子成分的顺序就可以理解句子的含义。对于"drink 喝"这个动词来说,"monkey 猴子"一定是主语,而"what 什么"一定是宾语。如果把两者颠倒位置,整个句子就没有意义了。

当研究者关注孩子对于类似"猴子在推谁?"或"谁在推猴子?"

这种问题的掌握时,wh 疑问句的难点才真正显现出来。只有注意句子成分的语序,才能避免发生类似的错误。而这些对于孩子来说太难了。

9. 一般疑问句(是/不是 问句)

英语中第二个常见的问句被称作"是/不是"问句(一般疑问句),因为对这些问句的回答不是"是"就是"不是"。

> Are you watching TV? 你看电视吗?
> Can I go now? 我现在可以走吗?
> Will Mary be there? 玛丽回来吗?

这些问句以一个非实意动词开始(比如 be 动词、情态动词 can、will 等等)。通常实意动词不能用在一般疑问句的句首,所以我们不能说:

> Read you the book? 应该是 Did you read the book? 你读了这边书吗?
> Went Mary? 应该是 Did Mary go? 玛丽去了吗?

当然,非实意动词的位置不在句首,而是在主语和实意动词之间(例如 I CAN do that 我能做)。因此语言学家经常说,为了造疑问句,我们要把非实意动词移到句首:

106

> 句子 　　　　　　　　　　　　　　　一般疑问句
> He can go. - - - 移动非实意动词 - - ► Can he _ go?
> 他能去。　　　　　　　　　　　　　　他能去吗？

有时，孩子也会犯错误。他们偶尔会将非实意动词移到句首，但在原有的位置处仍保留一个一样的非实意动词：

> Why **did** you **did** scare me?（3 岁 2 个月）
> 你干嘛吓唬我？
> **Is** it's Stan's radio?（2 岁半）
> 这是斯坦的收音机吗？

而且，有时候孩子造的一般疑问句中，动词的过去式或第三人称单数形式被使用了两次（大多数错误是在使用助动词 do 时发生的）：

> **Did** you **came** home?（1 岁 10 个月至 2 岁半）
> 　↑　　　　↑
> 过去式　过去式
> [应该是 Did you come home?] 你回家了吗？
> **Does** he **makes** it?（2 岁 10 个月）
> 　↑　　　　↑
> 第三人称　单数
> [应该是 Does he make it?] 是他做的吗？

但这些并不是系统性错误，也就是说孩子并没有在某一阶段出现这种问题。他们只是偶尔犯这种错误。也就是说,他们的思维系统在造句时偶尔发生了小故障。

是什么因素引起思维系统发生故障呢？一种可能是,孩子在造一般疑问句时需要考虑太多因素：选择正确的词、将句子成分按正确的顺序排列、还要通顺地读出句子等等。因此他们就容易分心。

如果按这个思路继续想,中山峰春教授认为,当孩子遇到复杂的问句时,他们会犯更多的错误。但是这样复杂的句子会是什么样呢？

长距离移动

还记得在一般疑问句中,我们需要将助动词从主语后移到句首吗？所以我们可以推断如果一个句子的主语较长,那么这句话变成一般疑问句的难度就比较大,因为助动词要移动的位置比较远。

句子	问题	助动词被移动的距离
主语较短		
The boy was sleeping. 男孩儿睡着了吗？	Was the boy _ sleeping? 男孩儿睡着了吗？	2个词
长主语		
The boy who fell was skating. 滑雪的男孩摔倒了。	Was the boy who fell _ skating? 是滑雪的男孩摔倒了吗？	4个词

中山峰春教授想了个办法,他通过下面两个问题,检验孩子遇

到较长主语时是否容易犯错:

> Ask Pooh Bear if the dog is sleeping on the mat in the hall.
> 问问维尼熊小狗是不是在大厅的垫子上睡觉。
> Ask Pooh Bear if the boy who is watching a small cat is happy. 问问维尼熊看着小猫的男孩高兴吗?

为了使问题更加形象生动,教授还准备了下面两幅图。这样孩子就认为维尼熊能够回答以上的问题了。

对于大人来说,通常以下面的方式来回答上面的问题:

> 1. Is the dog sleeping on the mat in the hall? 小狗是在大厅的垫子上睡觉吗?
> 2. Is the boy who is watching the small cat happy? 看着小猫的男孩高兴吗?

两个问题的长度相同——都是 10 个单词,但他们的主语长度不同。第一句主语只有两个单词,而第二句的主语长达 8 个词。这就意味着助动词被移动的距离就会比较长。

```
Is the dog _ sleeping on the mat in the hall?
   ↑ 1  2 ┘

Is the dog who is watching the small cat _ happy?
   ↑ 1   2   3  4    5     6    7    8 ┘
```

中山峰春教授发现,孩子在遇到长主语时犯的错误比较多。与短主语问句超过 95% 的正确率相比,长主语句子的正确率仅为 44%。

此外,关于一般疑问句,近一半的错误为重复使用助动词——句首使用助动词,句中主语后仍使用助动词:

Is the boy who is watching the small cat **is** happy?
                                              ↑
                                         重复使用动词

另外还有 1/4 的错误体现在一般疑问句中出现另一个句子的现象。有时孩子还会使用人称代词。

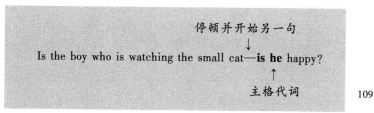

顺便说一句,当成人发现自己应付不过来时,他们也会这么

说。长距离移动助动词对谁来说都很难。

10. 其他结构

我们之前曾探讨过,一个英语句子没有局限,人们可以在句子中添加其他的词。一个句子的长短取决于句中每个词是否与其他词联系在一起。例如,我可以造一个只有两个单词的句子:

名词	动词
Bobbie	went.
鲍比	去了。

但我还可以选择一些能够添加其他动词的词,比如:

名词	动词	动词
Bobbie	likes	**eating**.
鲍比	喜欢	吃。

还有,有些动词可以接两个名词,比如:

名词	动词	动词	名词
Bobbie	likes	eating	**popcorn**.
鲍比	喜欢	吃	爆米花。

有些名词后还可以接句子,例如:

名词	动词	动词	名词	从句
Bobbie	likes	eating	popcorn	that his mother takes.
鲍比	喜欢	吃	他妈妈拿着的爆米花。	

孩子很快就掌握了上面讨论的内容。从最早期的话语开始（由几个词组成），他们就知道使用动词可以造长句子。一项针对12名3岁以下孩子的研究显示，孩子们已经掌握了一些动词：

> **2岁半**：want 想要、need 需要、like 喜欢、watch 观看、see 看见、lookit 看、let 让、ask 问、say 说、make 做、gonna 走
>
> **3岁**：think 思考、tell 告诉、guess 猜、know 知道、hope 希望、show 出示、remember 记住、finish 完成、wonder 好奇、wish 但愿、help 帮助、say 说、pretend 装作、decide 决定、forget 忘记

这些单词都会使句子展开延长，孩子很快就掌握了这些单词用法。

首先他们先在这些动词后加另一个动词或者一个代词（我/他宾格）和一个动词：

> I wanna **go**. 我想去。
> You gonna **stay**. 你待着。
> Watch **me go**. 看着我走。
> Let **me go**. 让我走。

不久，句子中第一个动词后出现了句子：

> Want **lady open it**.（丹尼尔,1岁7个月）想让女士打开它。
> Want **teddy drink**.（杰姆,1岁9个月）想让泰迪熊喝。
> Do it **how I do it**. 跟着我做。
> I guess **she is sick**. 我猜她病了。
> I don't know **who it is**. 我不认识他。
>
> （2岁4个月至2岁半）

通过使用一些连词（"and 并且"、"because 因为"、"but 但是"、"when 到……时候"等等），将两个句子连接起来，句子就会更长了。

> Maybe you can carry that **and** I can carry this.（凯瑟琳,2岁5个月）或许你能抬那个,我来抬这个。
> They're taking a vacuum cleaner to wipe **and** puppy dog's running.（艾瑞克,2岁5个月）他们在用吸尘器洗涤,小狗到处跑。
> I'm going this way to get the groceries **then** come back.（凯瑟琳,2岁5个月）我走这条路去杂货铺然后回来。
> You better look for it **when** you get back home.（彼得,3岁2个月）你最好回家找找。
> Maybe you can bend him **so** he can sit.（凯瑟琳,2岁5个月）或许你把他弯一下,他就能坐下了。
> Get them **'cause** I want it.（艾瑞克,2岁5个月）找到他们因为我要。

> I think that that's where the baby will go. （凯瑟琳,2岁5个月）我想这就是宝宝要去的地方。

孩子在2岁到2岁半时,会时不时使用这些连在一起的句子。他们总会最先使用一些连词,比如"and 并且",随后是"then 然后"、"when 当……时候"、"because 因为"、"where 在……地方"、"but 但是"、"if 如果"、"that 连接从句"以及"so 所以"。

关系从句

到了2岁半,孩子开始在名词后添加从句(语法中称为关系从句),就像下面的例子:

> Look at that noise... **you're making again**. （2岁7个月）（听）这些噪音,你又弄了。
> I want something **that the cow(s) eat**. （2岁9个月）我要一些奶牛吃的东西。

关系从句像句子一样,有自己的动词(上面两句话中"make 弄"和"eat 吃")。他们的作用就是补充说明所连接的名词。因此,以第一句为例,"你又弄了"就是主句中的名词"噪音"。

由于孩子在日常的交流中很少使用关系从句,因此想研究儿童语言中的关系从句,我们必须创造一些新的语言环境。比如实验者让孩子们看下面的几幅图片:

然后问孩子"小猪在看哪只小狗?"。实验者随后将图片翻转过来,孩子就不会轻易指着图片说"这只"。他们就必须想办法来描述小猪所看的那只小狗。

假设你现在就是一个孩子,你该如何回答实验者的问题?如果你已经学会了关系从句,正好在这个时候使用。你可能会说"戴帽子的那只小狗(The dog who is wearing a hat.)"。who is wearing a hat 就是关系从句。

孩子其实也是这么做的。在这个实验中,即便是 2—3 岁的孩子,他们使用关系从句的正确率也在 85% 以上。

小结

句子是将词汇按照特定的模式,联系在一起组成的。有些模式比较简单、短小(比如"Let's go 我们走吧"和"I'm hungry 我饿了"),有些则相当复杂,包括否定句、wh 疑问句、一般疑问句、关系从句。

学习制造不同的句子只是掌握一门语言的主要任务之一。在本章中，我们看到孩子以惊人的速度迅速掌握了这些句子种类——甚至3岁的孩子都出色地掌握了造句的不同方法。

但造句只是语言学习过程中的一部分。句子的主要任务是传递信息，这就要求人们要理解句子并以特有的方式使用句子。下一章我们将具体讨论这个问题。

第五章
句子的含义

上一章我们讨论的重点是句子的组成模式——句子中的成分顺序是否正确、是否缺失了某些部分、是否使用了正确的代词等等。但这些最多只是语言学习的一部分内容。我们还要看看句子是如何表达意思的。

我们将从孩子早期创造的、只有 1—2 个单词组成的语句开始,看看这些语句表达了什么意思,标志着孩子们掌握了哪些语言本领。接着我们会研究一系列较为复杂的句子结构,每一种结构都将提供关于孩子理解语言、与人沟通方面的宝贵信息。

1. 一个词的作用

孩子从发出第一个单词起,就十分擅长表达自己的意思、领会大人话语的含义。尽管孩子最开始所说的话只有一个单词,但却能表达跟句子一样的意思。

当孩子看见爸爸走进房间,便用手指着爸爸并兴奋地喊着"爸爸,爸爸",她并非只是在叫那个人,而是表达"爸爸在这儿"的含义。当孩子看着妈妈的手套说"妈妈"时,她并没有把手套跟妈妈混为一谈。她想表达的意思是"这是妈妈的手套"。

由一个词组成的句子被称作单词句。成人也经常使用单词句,比如我们说"黄油"表示"请递给我黄油";我们说"停"表示"停止冲我大叫"。但对于孩子来说,他们只会使用这一个单词。这里有一些单词句例子以及他们所表达的含义:

单词句

语句	含义	年龄
dada,爸爸(看着爸爸说)	爸爸在这儿。	8个月
nana,当妈妈说"不行"时的反应	我想做。	11个月
dada,爸爸(把瓶子递给爸爸)	你拿着。	11个月
ball,球(刚把球扔掉)	我在扔球呢。	1岁1个月
daddy,爸爸(听见爸爸过来了)	爸爸来了。	1岁1个月
up,向上(回答问题"你想起来吗?")	我要起来。	1岁1个月
down,向下(刚把某物扔下去)	我把它扔下去。	1岁2个月
caca(cookie),饼干(指着房间门,房间里有饼干)	饼干在那里。	1岁2个月
box,盒子(把蜡笔放进盒子)	蜡笔到盒子里去了。	1岁3个月
fishy,鱼(指着空鱼缸)	鱼没在那儿。	1岁3个月
again,再一次(想让某人再做一遍某事)	再做一遍。	1岁半

对孩子来说,使用单词句表达自己的意愿并不容易,需要运用许多聪明才智才能做到如此简明易懂。孩子似乎遵循着一条非常

合理的规律——他们用一个词来表达新的、有变化的以及不确定的现象。

由此我们应该理解当一个孩子想从椅子上下来时,她会说"下"而不是"我"或"椅子"。她主要表达了她期望改变的某种状态。通过对孩子单词句的细致研究,帕特丽夏·格林菲尔德(Patricia Greenfield)和她的同事将这种规律称为"信息原理"。

信息原理与人类的感知系统的基础情况相吻合——人们的注意力总是集中在身边那些新的、变化着的以及不确定的事务上。由此我们可以推断,在这种原理的影响下,家长在与孩子说话时也会使用单词句。

这一推论似乎是正确的。在一项针对一群说希伯来语的孩子和妈妈的研究反映,孩子所说的单词句中97%都是妈妈说的。

在单词句阶段,孩子能理解多少句子含义?

家长经常会认为,在单词句阶段孩子懂得比说的多。但是实验结果又是怎样的呢?

研究这个问题最简单、最有效的方法,就是利用孩子的天性——他们会关注周围的环境,并将其与听到的内容相匹配。

下面就是具体的实验。同调查儿童早期词汇理解力的实验一样(第三章第二部分),实验者让孩子面对两个电脑屏幕。当孩子的注意力开始集中在两个屏幕之间的灯光时,她就听到一句话(例如,她亲了一下钥匙)。与此同时,两个电脑屏幕上显示出两幅不同的画面——一幅画面中,一位妇女亲吻钥匙而且另一只手里还拿着一个球;另一幅画面中,一位妇女亲吻球,另一只手里拿着钥匙。

第五章
句子的含义

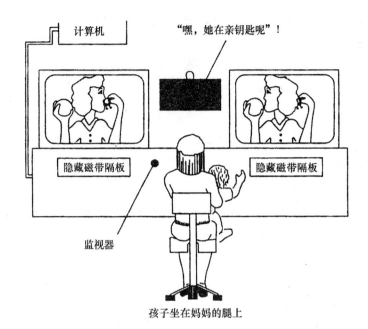

孩子坐在妈妈的腿上

如果孩子听懂了句子,他们就会选择妇女亲吻钥匙的画面。另一方面,如果孩子只是听到了句子中的个别词,而没有将他们之间的含义联系起来,他们对两幅画面的关注应该是相等的,因为两幅画面都有亲吻的动作和一串钥匙。

实验者计算孩子选择画面所使用的时间,以及他们关注画面的时间长度。孩子的表现不是很理想(他们有时盯着错误的画面看),但他们还是表现关注符合语句内容的画面——他们会很快选择正确的画面并且对其关注的时间较长。

因此,我们可以肯定,1岁孩子所能理解的内容要比他们说的多。当然,这并不意味着他们能够理解成人世界中的一切,或者以成人的思维方式去理解事物。我们稍后再进一步讨论这个问题。

首先,还是让我们关注孩子开始使用两个词时,他们所表达的含义。

2. 两个比一个好

在话语中添加另一个词,对孩子来说意义重大。他们想表达的内容更多、理解的含义也更多。下面是孩子创造的一些两个字句子,配有简单的含义解释。

句子	要表达的含义
Eve read 伊芙读	施动者+动作
Hit ball 击球	动作+受动者
Daddy cookie 爸爸饼干	施动者+受动者(爸爸吃饼干)
Daddy shoe 爸爸鞋	所有者+物品(爸爸的鞋)
Big train 大火车	形容词+事物
Book table 书桌子	事物+位置(书在桌子上)
Come here 来这儿	动作+位置
That book 那本书	命名(那是本书)
More cookie 更多饼干	循环(那里有更多饼干)
No milk 没牛奶	不存在(这儿没有牛奶)

在最常使用两词句子的模式方面,不同的孩子存在很大差别:有些孩子喜欢使用施动者+动词的模式;其他的孩子却喜欢使用动词+受动者的模式。所有者+事物的模式相对来说比较常用,而施动者+受动者的形式却不常被使用。

第五章 句子的含义

在两词句子阶段时,孩子能理解多少含义?

之前介绍的测试孩子对电脑图像理解的实验中,我们可以肯定,即使很小的孩子也可以理解整个句子(她在亲吻钥匙)。但这个实验并没有解释孩子是如何做到这一点的。

孩子之所以能够轻松地理解所听到的句子含义(她在亲吻钥匙),是因为句子中的成分关系是不可互换的。也就是说妇女可以亲吻钥匙,而钥匙不能亲吻妇女。

那么,当孩子(只能造1—2个字句子)遇到主谓成分位置可以转换的句子时,他们怎么理解句子含义呢?以"饼干怪兽在给大鸟挠痒痒"为例,当实验者运用之前的实验方法,检验孩子对句子的理解力时,即便是1岁4个月至1岁半的孩子也会做出正确的选择。

但是在这个或其他实验中,孩子也会犯错。例如,当实验者要求孩子用玩具表现出"卡车撞了小汽车"这句话时,他们总会拿小汽车撞卡车。

很显然,孩子能理解"撞"这个词,但他们却很难搞懂是"谁"发出撞的动作(动作的施动者或主语)以及谁被撞了(动作的受动者或直接宾语)。他们还不会利用句子成分的顺序来理解句子含义。

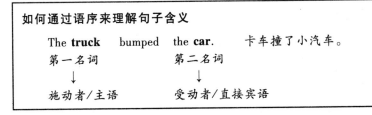

到3岁左右,孩子就能够理解成分位置可以转换的句子了。

但这是基于"大规律"还是"小规律"对孩子的影响呢(还记得我们在上一章里谈到的"大规律"作用于所有动词,而"小规律"只作用于单个动词)？也就是说,当孩子真正理解"卡车撞小汽车"这句话的含义时,她是否已经掌握了"通常主语放在动词前;宾语放在动词后"的大规律,还是她只知道对于动词"撞"来说,句子语序就是这样的呢？

为了回答这个问题,研究者设计了一个方法。他们通过做有趣的动作,将一个编造的动词教给孩子(2—3岁)。比如,他们让一个玩具把另一个玩具推下滑梯,然后对孩子们说:这就是"BLICKING"。

等孩子都学会这个词后,研究者开始发出一些指令,比如"让饼干怪兽'BLICKING'大鸟"。如果孩子掌握了"大规律",就知道让饼干怪兽发出动作而大鸟接受动作。但如果孩子受到"小规律"的影响,他们在指令前就会束手无策。

通常情况下,小于3岁的孩子在这个实验中表现得不是很理想,即使答对问题也只是靠猜测。3岁半以上孩子的情况要好得多,正确率可以达到80%。这个结果同上一章中的造句实验很相似(造句实验中,要求孩子通过自己造句来表达意思,而不是简单理解他人的话)。

这样看来,孩子在学习说话和提高理解力方面基本相同:至少在语序方面,他们都是从小规律开始。他们要经历大约一年的时间才能发现并掌握大规律(句中的主语/施动者在动词前;受动者/直接宾语在动词后)。

有趣的是,大规律在某些特定句式中也会制造麻烦,接下来我们具体讨论一下这个问题。

3. 被动语态句子

尽管在英语中,主语是动作的发出者(施动者),但有时也例外。在下面的句子中,主语成了动作的承受者(受动者),因此句子被称作被动句。

> The car was bumped (by the truck).
>   ↑
> 小汽车被(卡车)撞了。
> 主语(受动者)

此外被动句还有两个特征:以上句为例,被动句中包括一个助动词(be 或 get);施动者要么省略,要么与介词 by 一起使用。

> The car was bumped (by the truck).
>   ↑   ↑
> 助动词   施动者(可以省略)

孩子们早期的被动语句

孩子在 3 岁左右就开始使用被动语句了,而且时常省略施动者。

> **亚当的被动句**
> So it can't BE CLEANED? 那么就洗不干净了吗(3 岁 2 个月)?

孩子如何学英语

I don't want the bird go GET EATED. 我不希望小鸟被吃掉(3岁7个月)。

I want to BE SHOOTED. 我想让别人用枪打死我(3岁8个月)。

Why he gon' BE LOCKED in a cage? 为什么要把他锁在笼子里(3岁10个月)?

Mommy, de cow gonna GET LOCKED UP. 妈妈,牛要被锁起来了(4岁)。

伊娃的被动句

Do you think that flower's supposed to BE PICKED by somebody? 你觉得是不是该有人来摘花呢(2岁10个月)?

She brought her inside so she won't GET ALL STINKED UP by the skunk. 她把她带进去,这样她就不会被臭鼬熏臭了(4岁1个月)。

I just GOT PINCHED from these pointed stuff. 我被这些带刺的东西扎了一下(3岁3个月)。

Does the cream of wheat need to BE COOLED? 小麦奶油需要冷却吗(4岁2个月)?

3—4岁的孩子不仅会造被动句,他们还经常创造性地使用被动语态,甚至超过成人。下面是一些孩子使用的被动语态例句,成人从没这样说过:

> Is it all NEEDLED? 都缝上了吗(3岁2个月)?
>
> It WAS BANDAIDED. 缠上创可贴了(3岁4个月)。
>
> ...they won't GET STALED. 他们不会过时的(3岁半)。
>
> The tiger will come and eat David and then he will BE DIED... 老虎会来吃大卫,那么他就死了(4岁)。
>
> I want these pancakes to BE SUGARED. 我希望这些薄饼上能撒些糖(4岁2个月)。
>
> Why IS the laundry place STAYED open all night? 为什么洗衣店整晚都开着(4岁3个月)?
>
> How WAS it SHOELACED? 怎么系鞋带呢(4岁4个月)?

孩子也能非常出色的区分,在被动句中使用助动词"be"和"get"的细微区别。成人在使用助动词"get"构成被动句时,总是表达一种负面的内容,比如 I just got bitten by a mosquito(我被蚊子咬了一下)。但在使用助动词"be"时,则更多的表达一种自然的结果。

南希·布德伟葛(Nancy Budwig)通过对两个孩子的跟踪研究,仔细观察孩子话语中被动句的转变。实验开始时孩子只有2岁。经过几年的细心观察,她发现孩子同大人一样,会系统地比较助动词"be"和"get"。

为什么被动句还那么难理解?

除了以上我们提到的问题外,孩子在理解力测试中经常不能正确理解被动句。

我们以一个典型的理解力测试题为例。孩子同实验者坐在同一张桌子前,听实验者读句子。实验者每读一个句子,都会给孩子看两幅图片,并且让她指出与句子内容相对应的图片。比如,实验者说:"The dog is bitten by the cat. 狗被猫咬着。"孩子就要从下面的两幅画中选出对应的一幅(使用理解力测试的另一个目的,通常为了检验孩子是否能够听懂大人的指令并做出相应的动作)。

在这个实验中,5 岁以下的孩子表现得很不理想,正确率不到 50%。但他们能很好的理解主动句,例如在"The cat bit the dog 猫咬狗了"。这句话中,主语就是施动者。

第五章
句子的含义

大多数孩子对某种特定形式被动句的理解好于其他形式的被动句。比如，不能理解"狗被猫咬"这句话含义的孩子，却能够很好的理解下面两句话：

> The carrot is eaten by the rabbit. 胡萝卜被兔子吃。
> The pencil is dropped by the girl. 铅笔被那个女孩扔了。

因为在这两句话中，孩子不用特意区分哪个是主动、哪个是被动。当句子中出现"兔子"、"胡萝卜"和动词"吃"的时候，几个词之间只能有一种关系——兔子吃胡萝卜，而胡萝卜不能吃兔子。

但实际情况并不会像想象的那么简单。在"狗被猫咬了"这句话中，光考虑"狗"和"猫"无法了解具体情况。在现实生活中，两者都可以互咬对方。因此，孩子有必要掌握另一种技巧。

大多数的句子都包括主语（施动者）和宾语（受动者），被称为主动句。实际上，孩子们听到的句子中，被动句不到5%，因此，孩子很自然地把实验者说出的句子当作"主动句"。这种主观印象被称作"标准语句技巧"：

> **标准语句技巧**
> 期望第一个名词是施动者，第二个名词为受动者。

如果被动句中没有明显的动作意义，这种期望就容易被动摇。这就是为什么孩子很容易理解"胡萝卜被兔子吃了"这句话的含义，因为第一个名词"胡萝卜"不能被称为施动者。

但是有些句子就没那么简单，例如"狗被猫咬了"这句话，如果说"狗咬猫"也是符合常理。只有注意了一些小词"was"、"by"以及后缀"-en",才能正确理解句子含义。

但问题就在这里。这些小词既短又没有重音,不易引起人的注意。而且,孩子在理解句子时经常容易忽略这些词,同时也受到标准语句技巧的影响。

> **标准语句技巧的影响**
> The dog was bitten by the cat. 狗被猫咬了。
>   ↑   ↑
> 第一名词=施动者   第二名词=受动者
> →意思是:狗咬了猫。

标准语句技巧对3岁孩子的影响最大,影响力在80%左右(也就是说,他们正确理解被动句的几率在20%左右)。稍大一些的学龄前儿童的情况稍好,正确率在30%—70%之间(而对主动句的正确掌握在90%以上)。

孩子偶尔能够理解被动句的含义。他们能自己造被动句并不稀奇。经过一段时间,孩子便掌握通过注意句中的线索,来判断对方所说的是被动句。

4. 理解不存在的事物

在上一章中,我曾将句子比作大树,大树的树枝伸向不同方向。例如,一个句子中包含动词"知道,know",我们可以在动词后添加其他成分来扩展句子。

第五章
句子的含义

> We know. 我们知道。
>
> We know [children eventually grow up]. 我们知道孩子最终都会长大。

这个例句中附加的成分为完整的句子。但有时候这部分也可能是一部分或不完整的句子。例如下面的句子中，扩展部分包括动词、直接宾语，但没有主语（为展示清楚，我将省略的主语用 * 代替）。

> 　　　　　　　　　　动词　直接宾语
> 　　　　　　　　　　　↓　　　↓
> The plumber tried [* to fix the leak]. 水管工试图修理漏水管。
>
> The boy hopes [* to paint the house this summer]. 那个男孩希望今年夏天可以粉刷房子。
>
> The children wanted [* to see that movie]. 孩子们想看电影。
>
> The bank decided [* to approve the loan]. 银行决定批准这项贷款。

这些句子中，与第二个动词相关的主语被默认为"已知"。也就是说大家也都知道动作的主语是谁，所以不用再重复一遍。我们知道修理漏水管的是水管工、粉刷房屋的是那个男孩等等。我们用双箭头来表示这种关系。

```
The plumber tried [ * to fix the leak ].
            ↑_____|
水管工试图修理漏水管。
The boy hopes [ * to paint the house this summer ].
         ↑_____|
那个男孩希望今年夏天可以粉刷房子。
```

精简句子

有时句子成分有些复杂,例如下面的句子:

```
Mom told Paul [ * to wash the dishes ].
                ↑
               已知主语
妈妈让鲍尔去刷盘子。
```

在已知主语左边已经出现了两个名词"妈妈,Mom"和"鲍尔,Paul"。

大家都知道,按照英语的习惯,缺省的已知主语对应的动词是"洗,wash",也就是要去洗碗的人是鲍尔,而不是妈妈。这个原则被称为"就近原则"。

就近原则

定位缺失主语的方法,就是找到离附加成分中的动词最近的名词。

上面提到的"告诉某人做某事"句型中,存在两个名词:

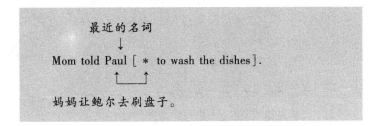

当然,当句子中只存在一个名词时,就近原则同样适用。

```
        最近的名词
           ↓
    The plumber tried [ * to fix the leak ].
         ↑_____|

    水管工试图修理漏水管。
```

到目前为止,我们可以使用就近原则来理解句子成分及含义。但有一个句式除外:承诺/答应。

承诺/答应

下面要列举的"承诺/答应"句式就是个例外(北美洲的读者可能觉得这不是什么问题,但英国读者却不这么认为)。

```
    Dad promised Paul [ * to wash the dishes ].
    爸爸答应(承诺)鲍尔洗盘子。
```

根据就近原则,这句话中省略已知主语就是"鲍尔",但事实并非如此。事实上要洗盘子的是"爸爸",而不是"鲍尔"。

> 最近的名词
> ↓
> Dad promised Paul [* to wash the dishes].
>
> 正确含义:爸爸要洗碗。
> 爸爸答应(承诺)鲍尔洗盘子。

1960 年,卡尔·乔姆斯基(Carol Chomsky)在自己的哈佛大学博士论文中,通过一项著名的实验来检验孩子对"承诺"动词的理解及掌握。实验中,她与 40 名 5—10 岁的孩子坐在一起讲故事。首先乔姆斯基让每一名孩子理解动词"承诺/答应"的含义。下面照抄了实验中的两个例句(为了辨认清晰,孩子的话将被加粗):

> **思科蒂(5 岁)**
> 你承诺别人做某事时,你该怎么做?
> **你不能欺骗别人**
> **吉米(6 岁 10 个月)**
> 你跟朋友放学一起回家。当你跟朋友再见时,你答应他下午会给他打电话。你该怎么说?
> **我吃完午饭就给你打电话。**

然后,乔姆斯基让孩子用手中的玩具娃娃(波泽和唐纳德)来展示"告诉,tell"和"承诺/答应,promise"两句话的含义。

第五章
句子的含义

> Bozo tells Donald [* to hop up and down]. 波泽告诉唐纳德单腿跳。
>
> Bozo promises Donald [* to hop up and down]. 波泽答应唐纳德单腿跳。

所有的孩子都能将"告诉,tell"句型的句子含义正确地表达出来——他们让手里的唐纳德单腿跳(注意"告诉"句型适用于就近原则)。

```
        最近的名词
            ↓
Bozo tells Donald [ * to hop up and down ].
  ↑_____|

波泽告诉唐纳德单腿跳。
```

但当孩子用玩具娃娃来表达"承诺/答应"句型时,他们遇到了很大的麻烦。他们没能像成人对句子的理解那样让波泽单腿跳,而是继续让唐纳德跳。

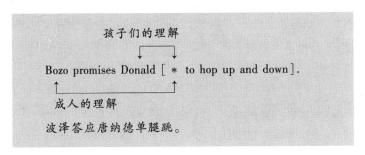

或许我们能够看出问题的所在了:孩子将"承诺/答应"句型也

127

归为就近原则,他们将离附加成分就近的名词当成动词"单腿跳"的主语。

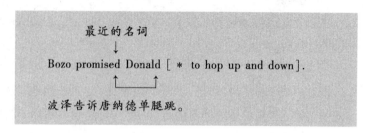

它很容易(被)看见

乔姆斯基的论文中还用到了另外一个实验。这个实验向我们揭示了英语句型"看,see"既包含已知主语又包含已知直接宾语(我使用__来表示已知直接宾语)。

> The doll is easy [* to see __].
> 娃娃容易被看到。

尽管句子中只有 6 个词,它同样揭示了英语句子的复杂性。就近原则将娃娃当作动词"看,see"的主语,就是说娃娃能看。请注意,当句子中只有一个名词时,就近原则通常会自动将这个名词当作附加成分中省略的主语。

> The doll is easy [* to see __].
> 娃娃容易看见。

但事实并非如此。正确的含义为"娃娃容易被看见"。这里将娃娃理解为动词"看，see"的直接宾语，而主语没有被明确指出来。

```
The doll is easy [ * to see ___ ].
```

娃娃容易被看见。

那么孩子能掌握这些吗？

乔姆斯基用一个很简单的实验来检验孩子对上面句型的理解：她给孩子展示一个戴着眼罩的娃娃，然后问孩子们"娃娃容易看见吗(Is the doll easy to see?)？"

娃娃容易看见吗？

成人对这句话的理解是"我们能容易的看见娃娃吗"（这里娃娃是动词"看"的直接宾语）？因为娃娃就在那里，正确答案就是"是的"。

在实验中，有些孩子能正确理解并回答乔姆斯基的问题，我在下面列举了一些孩子的回答样句（我使用黑体字来表现孩子的回答，以便区分）：

> 安·C(8岁8个月)
> 你能告诉我娃娃容易看见还是很难看见?
> **容易。**
> 你能让她很难看见吗?你能想个办法吗?
> **把她放在黑暗中。**
> 安·M(8岁7个月)
> 娃娃容易看见还是很难看见?
> **容易。**
> 你能让她很难看见吗?
> 你是想让她完全看不见吗?
> **好的。**
> (孩子把娃娃放在桌子下面)
> 告诉我你做了什么?
> **我把她放在桌子下面了。**

129   但是还有超过1/3的孩子给出了不正确的答案。下面列举了一些例子:

> 艾瑞克(5岁2个月)
> 娃娃容易看见还是很难看见?
> **很难看见。**
> 你能让她容易看见吗?
> **好。**(孩子把眼罩取下来)
> 解释一下你做了什么?

第五章
句子的含义

> 把它拿下来(指着眼罩)
> 为什么这样她就容易看见了?
> 因为她现在能看见了。
>
> **丽萨**(6岁5个月)
> 娃娃容易看见还是很难看见?
> 很难看见。
> 你能让她容易看见吗?
> 如果我能把眼罩取下来。
> 解释一下为什么这样她很难看见?
> (对着娃娃说)因为你眼睛上带着眼罩。

从以上的例句中我们可以清楚的看到,孩子以为实验者在问他们:娃娃是不是能看见。因为娃娃带着眼罩,所以不能看见东西。他们的回答是"不能看见"。

他们为什么会先这样理解问题呢?或许是因为他们受到就近原则的影响,将名词当作已知主语,而不是已知直接宾语,才导致了上面的错误。

> The doll is easy [* to see ___].
>
> 娃娃能够容易看见。

5. 理解代词

130 我们可以使用代词来指代已经知道的人或事，而不用繁琐的将他们一一列举出来，例如名字"鲍勃"或名词词组（定冠词 the + 名词：the man，那个男人）。

> **Bob** thinks that **he** can go. (he = Bob) 鲍勃认为他可以去。
>
> **The man's** own dog bit **him**. (him = the man) 那个男人被自己的狗咬了。

如果知道前面的名词指代后面的事物或人，孩子就会非常愿意使用代词，甚至连年纪很小的孩子也能知道代词的作用。我们用一种很简单的方法就能看到这一点：

当我们让孩子模仿一个句子，他们通常会将听到的句子修改成他们认为的形式。当 2 岁半到 3 岁半的孩子重复句子时，我们听到的结果非常有趣——同一代词被重复使用两次：

> Because **Sam** was thirsty, **Sam** drank some soda. 因为萨姆渴了，所以萨姆喝了苏打水。

他们还经常把第二个名词替换成代词，如下：

> Because Sam was thirsty, **he** drank some soda.
>
> 因为萨姆渴了,所以**他**喝了苏打水。

当他们听到的句子中代词在名词前出现,他们会将顺序调过来:

> Because **he** was thirsty, **Sam** drank some soda.
>
> 因为**他**渴了,所以**萨姆**喝了苏打水。
>
> ⇓
>
> Because **Sam** was thirsty, **he** drank some soda.
>
> 因为**萨姆**渴了,所以**他**喝了苏打水。

很明显,即使年龄很小的孩子都知道,代词所指代的是刚刚被提到的人。这一点很容易被孩子掌握。

反身代词

人称代词(比如他 he/him)与反身代词(比如 himself)的对比是掌握代词的一大难点。

人称代词	反身代词
I/me 我	myself 我自己
You 你	yourself 你自己
He/him 他	himself 他自己
She/her 她	herself 她自己
It 它	itself 它自己
We/us 我们	ourselves 我们自己
They/them 他们	themselves 他们自己

下面的例句展示了两种代词的区别。例句中的主句包含着另

一个完整句子。每句话用[ ]括起来,并在句首用 S 加以标注:

```
_____主句_____
[s Mandy thinks [s Suzie pinched someone.]]
              里面的从句
曼迪认为苏杰掐了某人。
```

现在我们用人称代词和反身代词来代替"某人"。

```
[s Mandy thinks [s Suzie pinched herself.]]
曼迪认为苏杰掐了她自己。
[s Mandy thinks [s Suzie pinched her.]]
曼迪认为苏杰掐了她。
```

如果我用"herself 她自己",那么被掐的人一定是苏杰。但如果我用"her 她",那么被掐的要么是曼迪,要么是其他没被提到的人,而不是苏杰。

从上面的例句中我们可以得到一个规律(我简化了规律的解释,但并不影响后面的内容):

反身代词规律
反身代词指代同一从句中提到的人。
人称代词规律
人称代词不指代同一从句中提到的人。

我们根据反身代词规律可以知道,因为"苏杰"出现在从句中,所以"herself，她自己"指代"苏杰"。

> [s Mandy thinks [s Suzie pinched herself.]]
> 　　　　　↑　　　　　　　　　　↑
> 　　　　曼迪认为苏杰掐了她自己。
> 反身代词指代同一从句中出现的名词

而且人称代词规律也告诉我们，如果在从句中使用"her，她"，那么即使"her，她"很可能指代曼迪，但绝不会指代苏杰。

> [s Mandy thinks [s Suzie pinched her.]]
> 　　　　　↑　　　　　　　　　　↑
> 　　　　　曼迪认为苏杰掐了她。
> 人称代词不能指代同一从句中的名词

我们可以通过很多种方法，检验孩子何时掌握这两种代词的用法。一种方法是让孩子借助两个玩具来完成某种动作。比如，实验者拿着米老鼠和唐老鸭玩具，问孩子：

> 唐老鸭认为米老鼠挠了他自己。让我看看米老鼠是怎么做的。
> Donald thinks that Mickey Mouse scratched himself.
> 或者
> 唐老鸭认为米老鼠挠了他。让我看看米老鼠是怎么做的。
> Donald thinks that Mickey Mouse scratched him.

如果孩子能听懂第一句话,那么她就会让米老鼠挠自己。如果她听懂了第二句话,那么她就会让米老鼠挠唐老鸭。

另一种检验代词理解能力的实验是,根据图片对孩子进行提问。这里有一个真实的实验:

Is Mama Bear touching her? [Yes]　　Is Mama Bear touching her? [No]
熊妈妈在碰她吗? 是　　　　　　　　熊妈妈在碰她吗? 不是

懂得如何使用人称代词的孩子,针对第一幅图会回答"是",而针对第二幅图会回答"不是"。相反,如果我们把问题改成"熊妈妈在碰她自己吗?",那么针对两幅图片的正确答案分别是"不是"和"是"。

无论我们怎样做这项实验,大多数3—5岁孩子的表现都近乎相同。即使年龄很小的孩子也懂得如何正确使用反身代词。但在使用人称代词方面,他们却遇到了困难——他们将人称代词当作了反身代词。所以在问到"熊妈妈在碰她吗?",针对右边的图他们也会说"是的"。

孩子为什么会在使用人称代词时出现错误呢? 一种可能是,由于反身代词举例所指代同一分句中的成分,而且距离很近,不用费力去找,因此孩子更容易理解。孩子在使用人称代词时,同样采用了省力技巧。他们也在寻找同一句子中代词所指代的名词。因

此,当他们找到最近的名词,就不再继续向前找,而是简单地将这个名词与分句中的代词联系在一起:

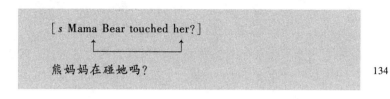

尽管孩子在理解人称代词时有些问题,但他们在说话时几乎都能正确的选择人称代词和反身代词。

在一项复杂的研究中,研究者对几名 2 岁的孩子进行长达 3 年的跟踪调查。通过对孩子 10 万句话的分析,研究者发现除一些偶尔的错误外,使用人称代词"我,me"和反身代词"我自己,myself"的正确率至少为 95%。

> 关于"我,me"的错误:I see **me**. 我看见我(亚当,2 岁 10 个月,用望远镜看)。
> 关于"我自己,myself"的错误:Don't you drop me... you hurt **myself**. 别把我摔下来,你伤了我自己(爱博,2 岁 10 个月)。

看起来,孩子很早就知道人称代词与反身代词之间的区别,他们只是在某些情况下会遇到困难。或许你能回想起,这同孩子学习被动语态时的情况很相似——孩子能自己表达意思但有时却不能理解别人说的话。

这种现象激发许多语言学家将语言能力(语言知识)和语言表

达进行区分(在某种特定环境运用语言的能力——特定环境包括在设计的实验中,陌生人向孩子展示有趣的图片以及问奇怪的问题)。

人们普遍认为,孩子的语言能力远远超过他们的语言表达。所以研究者不断地寻找方法,以便更加准确的测量出孩子知道什么以及他们是什么时候知道的。

6. 代词与故事

尽管孩子们能区分人称代词和反身代词,他们在使用人称代词时仍存在问题。下面是一个 2 岁孩子讲的故事。通过对故事内容的研究,我们很难找出故事中所使用的代词指代是谁。

> 研究者:能跟我讲讲你的烤肉经历吗?
> 孩子:我们就在这里烤肉。然后我告诉他不要把它放在……我告诉丹他在做什么。然后……
> 研究者:你告诉丹他在做什么?
> 孩子:是。当我做的时候我转过去,推他。我把他推得远远的。
> 研究者:你把他推得远远的。
> 孩子:对。但他转身走了。
> 研究者:他怎么了?
> 孩子:他转身走了,他不来我家了。

就连录制这段话的研究者都不清楚孩子到底在说什么。

第五章
句子的含义

> 上面的例子中,孩子在说什么?她说:"她让他不要放。"但是"他"指代谁?指代下句中的"丹"还是其他人?谁又是"丹"?他是她的同学、另一个孩子的家长还是一个成人?上下文中并没有交代。接下来,句子中的"丹"又指代谁?要放什么东西?孩子说"她正在做着"——她在做什么?她转身去推的"他"又是谁?

在另一个实验中,实验者要求 4 岁孩子描述图片。孩子能够流利地使用代词,但我们却很难辨别出这些代词都指代谁:例如,我们如何知道第一个"她"指代女孩,而第二个"她"指代妇女?

> 她坐在飞机座位上……她给了小姑娘一样东西……现在她在看书……现在她把东西举高。

对于学龄前的孩子来说,不清晰使用代词的现象很普遍很正常。等孩子长到 6—8 岁,这种现象就会明显减少。这是因为随着时间和经验的累积,孩子对别人说话内容和观点的敏感度大大提高。而且,一旦出现不清晰使用代词的错误时,年纪稍大的孩子就会在句中更正过来:

> ...and she's lea...and the girl is learning...
> ……而且她在学……而且那个女孩在学……

136

奇怪的故事

孩子在讲故事的时候,除错误使用代词外,还会遇到别的难题。对于许多孩子来说,他们早期所讲的故事中丢失了很多重要的因素:人物、地点及时间。例如下面托蒂在2岁半时讲的故事:

> 托蒂:我拿这个。(录音机)
>
> 研究者:你把它拿到哪儿去?
>
> 托蒂:拿出去。
>
> 研究者:好吧。
>
> 托蒂:他咬我的腿。
>
> 研究者:什么?
>
> 托蒂:鸭子咬我的腿。
>
> 研究者:狗咬你的腿。哦,哦,鸭子。哦,孩子!(英文中鸭子duck与狗dog的发音相似)
>
> 托蒂:我进到水里。
>
> 研究者:你进到水里?
>
> 托蒂:是的。我的腿。
>
> 研究者:你在跟我说一只鸭子?
>
> 托蒂:他咬的。(开始哭)
>
> 研究者:他咬的。
>
> 托蒂:还踢呢。
>
> 研究者:还踢呢。
>
> 托蒂:鸭子咬我还踢我,鸭子踢我还……还咬我。

在上面的例子中我们可以发现，托蒂没有提供故事的重要信息，例如他在哪儿、什么时候发生的、他跟谁在一起。家长通常都是通过慢慢哄孩子，才能了解这些信息的。事实上，家长在哄孩子的时候，完全可以提供给孩子一种"架构"的观念，架构中包含了构成故事的重要信息。从下面的例子中我们可以看出，3岁半的凯西在讲故事时能够提供更多清晰的信息：

> 研究者：你曾经被蜜蜂蜇过吗？
> 凯西：不过伊恩（她弟弟）在刚出生的时候被蜜蜂蜇过。
> 研究者：伊恩刚出生的时候被蜜蜂蜇过？
> 凯西：是的。
> 研究者：那么跟我讲讲都发生了什么？
> 凯西：我跟他在走路，然后他摔倒了，然后他不知道他摔在蜜蜂上了。他的膝盖摔在蜜蜂上就被蜇了。他被蜜蜂蜇了。

这段话也许无法跟史诗媲美，但它的确包含了有效信息交流的基本要素，这也是学习语言的意义所在。

7. 你能数清楚吗？

如果有人跟你说"约翰昨晚读了一本书"，你的第一反应是"一本书被读了"。但是不定冠词"a"的含义有时不是那么直接，比如在下面的句子中：

> **EVERYONE** read **A BOOK** last night. 每个人昨晚读了一本书。

我们可以将这句话理解为:"杰瑞、罗安和萨迪昨晚读了同一本书";我们还可以理解为:"杰瑞读了《夏洛的网》;罗安读了《老黄狗》;萨迪读了《佐罗的面具》。"这是因为不定冠词"a"在句法上可以与"每个人,everyone"产生互动。所以有多少读者就会有多少本书。

当两种量词(例如"每个,every"和"一个,a")出现在同一句子中,特别是当较大数量词(每个)出现在主语中,较小数量词(一个)出现在直接宾语中,这种互动现象就非常普遍。例如:

> All the children wanted to see a movie. 所有孩子都想看场电影。
> Each gift comes in a box. 每件礼物都从盒子里出来。
> Many of the culprits attend one of the schools in this neighborhood. 许多罪犯都参加了社区附近的学校学习。
> Most students are interested in something. 大多数孩子都会对某件事情感兴趣。

孩子能否理解这些带有量词的句子?一项看图回答问题的实验结果显示,孩子对量词的理解情况相当不错。

例如,为了测定孩子是否理解"每个,every"和"一个,a"之间的互动关系,实验者让他们看下面的图片,然后问他们"每个孩子都骑着一匹马吗?"(Is every child riding a horse?)

每个孩子都骑着一匹马吗?

实验结果显示,就连 3 岁的孩子,都能根据两幅图片内容回答"是"。也就是说,他们理解了不定冠词"a"的含义:既可以指"一个并且仅有的一个"(几个孩子骑一匹马)又可以与"每个"互动(一个孩子骑一匹马)。

然而,孩子有时不能很好的理解"每个"和"一个"之间的互动关系。下面的实验就反应了这个问题。实验者给孩子看了图片后问他们:"每个小姑娘都骑着大象吗?"

每个小姑娘都骑着大象吗?

看到这些图片时,有些孩子会说"不是",因为有一只大象的背上没有骑着小姑娘。看起来他们认为句子应该表述一种对称的情形——大象与小姑娘的数量相等。

这幅图的确有些复杂,甚至大人也会被迷惑。但孩子为什么会按照他们的思维方式来理解这幅图片和问题呢?

一种观点认为,句子中单词"每个 every"的含义被扩大了。量词"每个"不仅修饰小姑娘也修饰大象,要表达的含义就是:"每个小姑娘都骑着大象,而且每个大象都被一个小姑娘骑着。"

另一种观点认为,这是由于不恰当的背景造成的。通常,对一目了然的事物我们不会提出问题。只有当对眼前的形式存有疑问的时候,我们才有可能问是不是每个小姑娘都骑着大象。

在一系列新实验中,实验者给 3—5 岁的孩子讲故事。故事中一位妈妈告诉她的两个女儿,滑雪后是应该喝苏打水还是应该喝热苹果酒。

两个女孩最开始表示想喝苏打水,但妈妈劝说他们应该喝苹果酒并给他们做示范。女孩们也学妈妈的样子喝了热苹果酒。为了再次强调两种饮料,实验者出示了一张图片,上面画着故事中描述的 5 杯苹果酒和 5 瓶苏打水。

然后实验者问孩子"是不是每位滑雪者都喝到一杯苹果酒"? 所有的孩子都给出了肯定的答案。由于 5 杯苹果酒中还剩下 2 杯没有人喝,所以没有孩子给出否定答案。但是有两个孩子提出,故事中只有 3 名滑雪者,所以使用"每位滑雪者"这样的名词短语似乎过大。看起来,孩子所掌握的内容多于一项实验所反映出来的结果。

小结

综上所述,研究孩子如何掌握句子含义的结果与其他方面的情况相似。无论多复杂的情况,对于孩子来说都很自然。

当孩子能使用 1—2 个单词表达自己意思时,他们能掌握的表达方式还十分有限。他们理解别人话语含义的能力要远远超过表达自己意思的能力。

孩子在理解句子含义方面很少犯错误。他们话语中的错误更多反映出如何学习理解句子含义。最开始的时候,孩子似乎比较依赖小词规律(动词左边的名词是施动者,右边的名词是受动者)。随后,大规律对孩子的影响增强(标准语句技巧和就近原则),而且极大地提升了孩子理解句意的能力。

正如我们讨论过的,有时这些大规律的影响力很大,但偶尔也会导致一些错误。随着时间的推移,孩子逐渐善于处理意外句式和特殊句型,这些错误就会慢慢消失。

到目前为止,我们已经讨论了单词、句子和他们的含义。但我们还没有讨论读音。下一章我们就来看看孩子是如何感知并发出语音的。

第六章
开 口 说 话

当空气进入新生儿肺部时,孩子发出的第一个声音为刺耳的哭声。2—3个月后孩子开始发出叽叽咕咕的声音。与此同时,咿呀的学语过程正式开始,并一直持续到6个月大左右。10个月至1岁左右,孩子真正地发出了第一个单词。

年龄	典型声音
出生—1个月	哭闹、打嗝、咕哝
2—3个月	叽叽咕咕
4—6个月	长声尖叫、大喊、嘟哝、声音颤抖、嘴唇发音、发出相似的词汇发音
7个月至1岁	非常相似的词汇发音
10个月—1岁半	第一个单词

在孩子们开口说话之前,他们都在聆听。研究孩子如何感知话语,是研究他们如何学习英语发音系统的最佳起点。

1. 一只耳朵听语言

孩子在听力方面似乎具有特异功能。实际上,他们在出生以前(在妈妈的子宫中)就已经开始听声音了——当时无法清晰地分辨出个别声音,但足以听清声音的轮廓以及说话者的声音特征。但是,我们如何判断出生前的听力经历是否对孩子语言能力发展产生影响?

当婴儿听到声响时,他会将头转向声源。这是一种与生俱来的本能。我们可以通过追踪孩子对声源的寻找,计算对声源关注的时间长短,来判断孩子早期对声音的喜好。如果可能的话,采用电子抚慰器,还可以教孩子选择他喜欢的听觉刺激物种类(例如一种语音磁带对比另一种语音磁带)。

通过这些方法,人们得出许多重要的发现。比如,与其他女性声音相比,新生儿偏爱妈妈的声音;与其他语言相比,他们更喜欢听父母说的语言;而且他们能够区分出英语语句与法语语句发音不同。

这些还远远不够。在一个实验中,准妈妈在孕期的最后 6 周内,每天大声朗读一个故事。孩子出生后的第三天,实验者对他们的孩子进行测试,检验这个故事与其他故事相比,是否能让孩子安静。实验结果证实了这一猜想,即便是别人读故事,安抚婴儿的效果与妈妈读时相似。很明显,婴儿在妈妈子宫时就已经熟悉了故事的韵律,出生后就能够轻易的辨认出来。

另一个实验更胜一筹。在这个实验中准妈妈们每天都大声背诵一段儿歌,一连持续 4 周。实验结果发现,熟悉的声音韵律会使 37 周胎儿的心跳速度减慢。实验再次证明,即使在出生前,孩子就已经对语言发音方式很敏感了。

摇篮里的辅音

很明显,仅仅依靠出生前对语言的感知,无法掌握语言普遍旋律以及语调特征。更多的细节问题要留在孩子出生后去解决。这些问题中最重要的是英语的元音与辅音的组合。

由于研究的对象是婴儿,我们要借助特殊的工具。众所周知,婴儿的心率和吮吸奶水的频率会因其受到不同的刺激而改变(特殊工具包括电子奶头,这样我们就可以测量出这些变化)。

实验者设计独特的实验,以测试婴儿是否能分辨出读音"b"和"p"。他们设计了一系列含有"b"的音节,随后跟一个"p"音节(例如 ba ba ba ba pa)。如果在发出"pa"的时候,孩子的心率或吸奶的速度有所改变,我们可以知道他注意到"b"和"p"两个音节的不同。

1—4 个月的婴儿能够区分成对辅音的区别(例如 b/p;d/t)。到 6 个月大时,他们也能分辨不同的元音。

婴儿甚至可以区分母语外不同语言之间的区别。在一项实验中,一直生活在英语环境中的婴儿(6—8 个月大),能够对比印度语与一种被称作 Nthlakampx 语中的辅音(一种印度本土语,在华盛顿州西海岸和英哥伦比亚地区使用)。然而,当孩子长到 10 个月至 1 岁时,他们辨别母语之外语言的能力逐渐减弱。

事实上,拥有分辨不用语言天赋的不仅仅只有婴儿。许多动物也具有相似的能力,其中包括南美栗鼠、短尾猿,甚至还有鹌鹑。

这说明与语言相关的感知起源于哺乳类的听觉系统。

2. 能听见吗?

当孩子长到1岁,他开始学习母语中的单词。这个时候声音不再仅仅只是个声响,而表示不同的词。孩子在听的过程中,捕捉、辨别这些单词。这与区分两个单词读音不同,甚至更难。但孩子从小在这方面表现就相当出色。

20世纪40年代,俄罗斯的语言学家斯瓦克金(Shvachkin)发明了简单的方法,来研究孩子区分单词不同读音的能力。在实验中,研究者向孩子们展示几组图片(两幅图片为一组),每组图片中的事物名称发音只有一个音节不同,比如"book 书"和"cook 厨师"。在这项实验中,实验者还采取了多种实验模式:比如每组进行比较的单词为捏造的单词(bok 和 pok,斯瓦克金本人采取这种模式);或者单词为真实存在的单词(seat 和 feet;座位和脚);再或者,其中一个单词为真实存在的而另一个是捏造的(car 和 gar;车和 gar)。

在这个实验中,我们以下面的图片为例,要求孩子指出"哪个是大衣/山羊?"。这样就可以检验出孩子是否能够真正区分辅音"g"与"k"。当然我们要反复验证这个实验结果,以排除孩子碰巧猜对答案的可能性。

通过采用上述类似的实验方法,我们可以看出:孩子在听力方面辨别单词读音的差异,要远远早于口语表达中对读音的区分。而且,一些研究成果也表明,孩子在2岁以前就能够像成人一样区别单词间的差异。

我说的是"fis",不是"fis"

当然,辨别单词发音不同与能发出不同读音的单词是完全不同的。大量的实例证明,即便孩子能够辨别出许多单词,但在口语表达方面仍遇到很多困难。比如下面的例子中"fish"和"fis"的对比:

> 一个男孩把手中的塑料充气气球鱼叫作"fis"(应该是"fish")。在对话中,实验者模仿孩子的发音,问他:"这是你的 fis 吗?"孩子回答:"不,是我的 fis。"他一直否定实验者的读音,直到实验者对他说:"这是你的 fish。"孩子回答:"是的,这是我的 fis。"

从上面的例子中我们可以注意到,当实验者模仿孩子的读音时,孩子能分辨出哪些读音是错误的。尽管孩子在口语中还不能区分"s"和"sh",但他还是能够听出两种音节的区别。

是不是孩子在口语中已经对不同的语音进行了处理,只是成人没有听见呢?比如刚才提到的那个"fis"男孩,他的口语中有两种"s"的发音——一种用于类似"fish"这样的词,而另一种用于"miss"这样的词。也就是说,孩子是否能够听清自己对不同音节的发音,而成人却听不见呢?有时的确会发生这种情况。例如在学习区分[t]和[d]的发音时,孩子们会发出两种不同的[d]音,其中一种更趋向"t"的发音。研究证明,至少有些孩子要经历这个阶段。成人无法分辨出这种区别,只有语音学家使用的专用语言分析仪器才能捕捉到两种读音的差异。

然而,孩子不太擅长分辨出自己话语中的细微差异。例如,我们给3岁的孩子听两盘磁带录音(一盘是他们自己的声音,另一盘是成人的声音)。结果表明,他们只能听懂第一盘磁带中50%的内容(自己说的话);而相比第二盘磁带(成人说的话),他们能听懂的内容比例基本接近100%。

怎么拼写?

孩子对英语语音非常敏感。这种现象的起因却出人意料——它起源于孩子早期在单词拼写方面的尝试。学龄前的孩子已经掌握了英文字母,但成人并没有教他们如何按常规的方式进行拼写。孩子便主动尝试着书写单词。由此就产生了"用音标表示语音"的自然体系,并揭示出孩子如何感知英语单词的发音。

以下列单词为例:pencil 铅笔、open 开的、kitten 小猫。如果我们以正常的语速读这些单词,我们会发现这些单词的第二个音节中不包含元音,而只有辅音[l]或[n]。这会导致孩子创造出一些独特的拼写方式:他们经常将"pencil"写成PESL;"open"写成OPN;"kitten"写成KITN。

位于两个元音音节之间的"t",比如pretty美丽、letter信、bottom底部,也有同样的问题。在北美英语中,"t"被读作类似一种快速的链接音[d],语言学家称为"浊辅音d"。孩子同样也受到了这种读音的影响,因此,我们就会发现他们经常会把"pretty"拼写成PREDE、"letter"写成LADR、"bottom"写成BODOM。

还有,孩子了解英语动词过去式词素"-ed"的发音规律,根据原单词的结尾音节,可分为三种:1.在清辅音[p][t][k][f][s]后读[t],例如laughed;2.在浊辅音[d][g][v][z][r][m][n]等后及元音后读[d],例如stayed;3.在[t][d]后读[id],如waited。这就不难解释为什么孩子们会把laughed拼写成"LAFFT";把stayed拼写成"STAD";把waited拼写成"WATID"。

孩子在辨别英语读音中细微差异方面,的确表现出惊人的能力。但这只是学习英语发音体系的一个方面。接下来我们要谈谈英语发音体系的另一方面——如何正确发音。

3. 牙牙学语(儿语)

早在孩子开口说话前,他们就对如何发音产生了浓厚兴趣。10个月至1岁4个月的婴儿已经可以表现出对发音的关注。实验中有两个说话者,一位嘴唇的动作与说话声音频率保持一致,而另一位嘴唇动作比声音快半秒。实验结果显示,婴儿更喜欢关注前者。很显然,他们意识到嘴唇的动作与发出声音之间的联系,而且希望两者保持一致。

当孩子们开始牙牙学语(特别是4—6个月大时),最初的言语模式迹象便由此产生。早期儿语的大部分都是由重复的音节构成的,例如 dada、mama、baba 等等。正如我们在第二章中所讨论的,在父母形象及鼓励因素的作用下,最终这些音节被赋予含义并成为孩子最早的语言。耳聋的孩子也会牙牙学语,只是频率没有正常孩子频繁。

不同语言的儿语

研究儿语并不容易。孩子早期的发音非常不准确,还会和其他音混在一起。部分原因是因为孩子的发声器官与成人有很大差别——器官都很小、声带位于喉咙的位置较高、没有牙齿、上颚也比较低等等。然而,研究者通过实验方法,在了解儿语基本特性方面取得了很大进展。

人们曾一度认为,孩子能够用儿语表达出人类所有的语言,但这只是个神话。事实上,孩子能发出的语音要远远少于母语中所包含的数量,更别提其他的语言。但这并不代表孩子不能区分不同语言之间的差别。我们这里主要强调的是发音能力,而不是语言感知能力。

在儿语阶段,全世界的孩子在发音方面会显示出许多共同之处。在一项实验中,实验者通过对 15 种不同语言的儿语研究(包括英语、泰语、日语、阿拉伯语、北印度语、玛雅语等),发现了以下一些趋同特点:

儿语中经常和不常出现的语音

经常出现的辅音	不常出现的辅音
p　b　m	f　v　th
t　d　n	sh　ch　j
k　g	l　r　ng
s　h	
w　y	

孩子所说的儿语是否完全受到周围语言的影响？答案是肯定的。孩子的儿语与周围语言有许多相似之处，特别是在语调方面。

在一个实验中，实验者先录制了6个月婴儿的儿语，这些婴儿的母语为法语、阿拉伯语和粤语。然后，让说法语的成年人听录音，找出说相同语言的婴儿儿语。结果显示，成人通过关注儿语的语调，选择的成功率为75%。

儿语的另一个特征更加微妙，也更有趣。两位研究者对不同母语孩子的语言进行分析，其中包括英语、法语、日语和瑞典语。他们在4个不同阶段录制孩子的儿语：第1阶段，没有任何单词；第2阶段，包含4个词；第3阶段，包含15个词；第4阶段，包含25个词。

他们发现儿语中不同语音的出现比例，与该语音在成人话语（同一语言）中的比例非常相似。例如，一些相对常用的唇音（[p][b][m][f][v]），法语中使用的频率要高于英语，而英语又高于瑞典语和日语。同样，孩子的儿语中也体现了这一特点。在法国婴儿的儿语中，这些语音的使用频率高于美国婴儿，而美国婴儿又高于瑞典和日本婴儿。这些现象都表明，孩子在说话方面与父母很像。

4. 早期的元音和辅音

孩子在 1 岁 1 个月或 1 岁 2 个月大时,所发出的单词读音逐渐可以被辨认了。在这个时期,我们基本上可以通过两种方式来跟踪孩子语言能力的发展。

一种方式是在平常状态下(游戏、吃饭等)记录下孩子随意说出的话语,并将其进行转录分析。另一种方式是通过玩游戏的方法,激发孩子说话。例如下面看图说话游戏(如果让孩子重复实验者的话,就很简单。但让孩子给图片命名,就能准确地显示出孩子自身具有哪些语言能力)。

猫　　　　　　火焰　　　　　　树叶

研究孩子的早期发音并不容易。有些孩子读音很不清楚,而且对某个孩子来说,不能保持读音一致的现象很普遍。例如,一个孩子在几个星期中,用下面的几个读音来表示单词 the/ðə/:

duh, deh, tuh, zuh, luh, dl, dee, the

甚至在几秒钟内,孩子对同一个词的读音也会不同。但这仅仅是一种趋势,并且会因不同的孩子而有所变化。

早期的元音和辅音

最早被孩子掌握的 5 个元音为:"ee"、"ah"、"oo"、"oh"、"uh"。这些元音出现在下面的单词里(语言学家在讨论这些元音时,通常会使用国际音标来标注单词读音。但为了简单直白地说明这一特征,我省去了国际音标环节。读者可以在书后的附录 2 中找到相关的音标注解)。

Bee("ee")
Top("ah")
Moo("oo")
Low("oh")
Nut("uh")

孩子最早使用的辅音(位于词首)包括:"b"、"d"、"m"、"n"和"h"。对于说英语的孩子来说,2 岁时可以发出下面的辅音:

2 岁时所发出的辅音音节表

p	b	m	f	w
t	d	n	s	
k	g			

这种掌握语音顺序的趋势,与个别语音在语言中的位置分布有着非常奇妙的联系:与稍后被掌握的语音相比,率先被掌握的语

音通常都会出现在多数语言中。这是因为这些语音更加符合人类的音域特征,人们能够较轻松地发出这些读音。

简单辅音大多出现在词首。稍后我们会发现,孩子经常会省略词尾的辅音,比如 gum 被读成 guh;nose 被读成 no。在孩子的早期词汇中,出现在词尾频率最高辅音音节是"p"、"t"、"k"、和"n"。

到了 4 岁时,孩子能够发出的音节数量明显增加。到这时,他们基本掌握了所有的元音音节以及下面的辅音音节(2 岁后掌握的辅音音节用加黑字体表示)。

p	b	m	f	**v**	**ch**	**j**	w	y
t	d	n	s	**z**			**l**	**r**
k	g	ng	sh					

在这个年龄阶段,孩子们还掌握了"th"的读音,例如 thing 和 that。

5. 调整

接下来我们遇到的问题是,当孩子在试图读一个单词,而这个单词包含了陌生的音节时,他们该怎么办?有时候他们会彻底跳过这个词,但更多的时候他们会忽略那些难发的音节(删除)或者使用另一个相对简单的音节(替代)。

这种情况经常出现:实验数据证明,孩子发出的 90% 以上的早期单词都受到了"删除"和/或"替代"的影响。让我们来看一些具体的例子(如果你家中也有孩子,或许你也能增加更多的事例)。

删除

词尾处的辅音(特别是在孩子早期的儿语中)通常成为被删除的首选对象。相反,词首的辅音(特别是后接元音)都会被保留。

```
dog→"dah"    bus→"buh"    boot→"boo"
  ↑             ↑             ↑
 删除           删除           删除
```

在这种状态下,删除技巧制造出一组新的音节:一个辅音后接一个元音。语言学家称之为"CV 音节"(辅音 + 元音)。

```
      CVC    CV
      dog→"dah"
       ↑
      删除
```

在全世界,无论孩子学习哪种语言,他们最初都非常喜欢 CV 模式的音节。而且在人类语言中,这种模式也被使用得最广泛。

当 2 个或多个辅音出现在同一音节时,删除现象很常见。在下面的例子中,孩子会使用一些惯例来决定删除或保留哪些辅音。

- 当辅音位于词首,后接"l"或"r",那么要删除"l"或"r"。

  blanket→"banket"或"bankie"

  try→"tie"

  crumb→"kum"或"gum"

> bring→"bing"
> from→"fum"
> sleep→"seep"
>
> ● 当鼻辅音("m"、"n"或"ng")后接"p"、"t"或"k"并位于词尾处时,删除鼻辅音
>
> bump→"bup"
> tent→"tet"或"det"
>
> ● 当"s"后接另一个辅音,删除"s"
>
> stop→"top"
> small→"mah"
> desk→"dek"

你或许还会发现,在某些词中当"s"承接另一个辅音时,他们的发音顺序会被孩子们改变:

> ask→"aks"
> spaghetti→"pas-ghetti"

替代

即便孩子在口语中保留了一些辅音,他们也不能像成人那样准确读出这些音节。如果孩子觉得发音时很困难,他们就会用一些容易的音节替换难发的音节。而且,这些替换也是遵循惯用的规律:

- 停顿:连贯型气流所产生的辅音(例如[s][z][sh][th]),被阻断型气流所产生的辅音(例如[t]或[d])替代:

单词	孩子的发音	替代
sing	"ting"	s→t
see	"tee"	s→t
zebra	"debra"	z→d
thing	"ting"	th→t
this	"dit"	th→d, s→t
shoes	"tood"	sh→t, z→d

读者可以自己尝试连续发出一些辅音(由连贯型气流所产生,例如[s][z][sh][th])。你会发现这些辅音的音长可以被无限地延续下去,但有些辅音(阻断型气流所产生的辅音,例如[t]或[d])却不行。

- 滑音:舌边音"l"或"r",被双唇音"y"或"w"替代。

单词	孩子的发音	替代
lion	"yine"	l→y
laughing	"yaffing"	l→y
look	"wook"	l→w
rock	"wock"	r→w
story	"stowy"	r→w

- **鼻化消失**：鼻辅音"m"或"n"，被非鼻辅音"b"或"d"替代。

单词	孩子的发音	替代
ja**m**	"da**b**"	m→b
roo**m**	"woo**b**"	m→b
spoo**n**	"boo**d**"	n→d

- **辅音前置**：一些辅音被一些发音位置靠前的辅音替代。

单词	孩子的发音	替代
thumb	"**f**um"	th→f
ship	"**s**ip"	sh→s
jump	"**dz**ump"	j→dz
chalk	"**ts**alk"	ch→ts
go	"**d**oe"	g→d

下表展示了，从唇部开始的不同口腔部位所发出的辅音（书后的附件2中有更详细的讲解）。

前部				后部
唇	前齿	齿槽脊（前齿后）	硬腭	软腭
p,b,m,f,v	th	t,d,n,s,z	sh,ch,j	k,g,ng

同化

此外,孩子的话语中还有一个重要的变化。这种变化指用另外一种语音来替代原来的语音。因此人们也可以将这种变化看作"替代"。

然而,与替代不同的是,读音的改变往往要取决于附近的音节。简单说,在某种程度上使读音听上去更接近附近的音节(语言学家把这种变化称之为"同化")。

最常见的同化现象是改变音节的发音位置,使其与邻近音节的发音位置相似。最经典的例子是单词"impatient(不耐烦的)"发音。因为 m 与后面 p 的发音位置都在嘴唇,而表示否定含义的前缀"-in"(比如 inactive 不活跃的;indirect 不直接的)中的 n 发音位置却在鼻腔,所以我们将"-in"换成了"-im"。

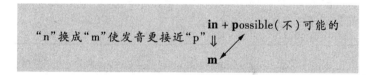

同化这个过程不仅可以降低词汇中相邻音节的发音差异,还使单词听上去很悦耳。实验证明,对于编造的两个单词"umber"和"unber",4 个月大的孩子更喜欢听第一个单词,因为 m 和 b 的发音位置很接近(都在唇部)。

另一种同化涉及声带的振动(学术名词为嗓音)。所有的元音都是由声带振动发出的。你可以试着将手指放到喉咙处,然后发"ee""ah""oh"(类似"一""啊""欧"),你就会感觉到声带的振动。有些辅音也需要通过声带振动而产生,被称为浊辅音,例如"z"和"v";而有些辅音则不需要,被称为清辅音例如"s"和"f"。

当一个清辅音后接一个元音时,孩子往往会将清辅音转变为浊辅音,从而改变了整个单词的读音。下面的图标是清辅音与浊辅音的对照表:

清辅音	浊辅音
p	b
t	d
k	g
f	v
s	z

下表中是孩子在说话中将清辅音变成浊辅音的几个单词例子。孩子将清辅音([p][t][s])变成了浊辅音([b][d][z]),进而改变了整个单词:

单词	孩子的发音	变化
pig 猪	**b**ig 大的	p→b
push 推	**b**ush 树丛	p→b
tell 告诉	**d**ell 小溪谷	t→d
soup 汤	**z**oop 一种噪音	s→z

我们发现孩子会根据邻近的音节读音而改变辅音的读音,例如下面的例子:

单词	孩子的发音	变化
doggy 小狗	"goggy"	d→g,因为靠近"g"
self 自己	"felf"	s→f,因为靠近"f"
Kathleen 人名	"Kakleen"	th→k,因为靠近"k"
Baby 宝宝	"beebee"	a→ee,因为靠近"ee"

6. 重音很重要

孩子在早期语言中,特别是在发多音节单词时,经常会将某一音节整个丢掉,这也是他们语言的一项最重要特征。

成人说的单词	孩子的发音
giraffe 长颈鹿	faff
mustache 胡子	tass
goodnight 晚安	na
away 走开	way

当然,孩子创造出来的这些短词很容易被读出来,但我们应该弄清楚,孩子为什么将单词中的第一个音节删除,而保留第二个音节(孩子们没有将长颈鹿读成"gi",也没有把胡子读成"mus")?这要从孩子感知多音节单词的方式来解释。

我们以单词"away"为例。我们发现,第二个音节的读音要比第一个音节有力。这种现象被语言学家称为"重音"。

英语中的重音分为三种:主重音、次重音和无重音。在一个单词中,带有主重音的音节比其他音节发出的声音大,元音清晰可辨。相反,无重音的音节听起来不太清楚,而且元音很短、很弱,被语言学家称为"非重读音节"。例如单词"about"中的第一个音节"a"和"sofa"中的最后一个音节"fa"都是非重读音节：

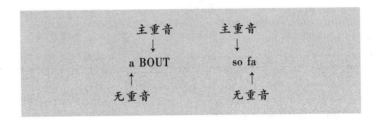

位于主重音和无重音之间的音节被称为次重读音节，这些音节没有主重读音节那么强，但又不像无重音音节那么弱。例如单词"slowly, 慢慢地"和"veto, 否决"中的第二个音节"ly"和"to"都是次重音。单词"alligator, 美洲鳄"中，第一个音节"a"为主重音；第三音节为次重音；第二和第四音节为无重音。

聚光灯下

　　或许现在你能猜出，为什么孩子在说话时会出现发音不完整的现象。这是因为有些多音节单词中带有主重音的音节比较清晰，而其他音节却很弱。因此，当孩子最初听到这些词并试图模仿他们的读音时，就会忽略那些弱读音节（回想一下第二章中谈到的聚光灯效应）。因此孩子将主重音音节保留下来。

在一些特例中,尽管单词包括多个音节,但孩子只读出了带有主重音的音节(主重读音节用双下划线标出、次重读音节用单下划线标出)。

单词	孩子的发音
hip po *pot* a mus 河马	pahs
kan ga *roo* 袋鼠	woo
spa **ghet** *ti* 意大利面	ge

然而,孩子有时也会只保留次重读的音节,特别是当次重读音节接近词尾的时候,这种现象尤为明显:

单词	孩子的发音
al li **ga** tor 美洲鳄	gay
ca ter **pil** lar 毛虫	pi
te le **phone** 电话	fo

有时,孩子们也会保留主重音或次重音音节,而省略无重音音节:

单词	孩子的发音
al li **ga** tor 美洲鳄	agay
a **qua** rium 水族馆	quarium
hel i *cop* ter 直升机	alkat

从上面的例子来看,孩子似乎采取了"不听非重读音节"原则。这是由于孩子刚开始感知英语单词时,无重音音节的发音相对较弱、不易听清,所以,孩子在口语中很容易将非重读音节省略掉。

但有时也有例外情况。孩子总会关注单词的最后音节,即便这个音节不是重读音节,却很容易被孩子记住。因此,孩子也会在口语中保留一些无重音音节:

单词	孩子的发音
ba <u>na</u> na 香蕉	ana
com <u>pu</u> ter 计算机	puter
<u>el</u> e phant 大象	elfun
<u>a</u> ni mal 动物	amul
<u>al</u> li ga tor 美洲鳄	gayda

然而,即便孩子在口语中读出了无重音音节,他们所读的音节也是不完整的。从上面的例子中我们可以看出,孩子读出了单词"elephant"结尾的无重音音节,但却忽略了音节"t"。

有些孩子在处理多音节单词的发音时,采用不同的策略。他们发出的音节数量与成人相同,但通常只有一个音节是相似的(主重音音节)。

1岁8个月大的约书亚就是个典型的例子。他能发出与成人相同数量的音节,但每个词中只有一个音节相似(用黑体字表示)。

单词	约书亚的发音
<u>Bun</u> ny 小兔子	**ba** bi
<u>clo</u> ver 苜蓿	**do** do
<u>ti</u> ger 老虎	**ta** da
bull <u>do</u> zer 推土机	boo **duh** duh
kan ga <u>roo</u> 袋鼠	da da **wu**

(续表)

单词	约书亚的发音
<u>mi</u> cro phone 耳机	**ma** wuh wuh
vi o <u>lin</u> 小提琴	wa wa **wi**
<u>straw</u> ber ries 草莓	**dah bee** buh

我们发现由于音节数量相同,约书亚的发音从外表轮廓上看与成人的发音很相似。但他的读音中只有重读的音节与成人的发音相似,而其他部分音节则完全不同。

小结

当孩子来到这个世界时,他们已经具备辨认父母语言和区别其他语言的能力。孩子长到 2 岁时就可以区分出母语,并且努力地学习发出这些声音。当然,我们也注意到孩子的读音中存在一些问题。有些难发的音节都被孩子巧妙地删除或替代掉,直到他们真正实现流利讲话,这些问题才逐渐消失。

与研究语言认知的其他方面一样,对孩子如何感知并发出英语单词读音的研究引发了一个问题——他们是如何做到的?这个问题困扰了语言学研究者几十年。我们在下一章,也是本书的最后一章中,将仔细地研究这个问题。

第七章

他们是如何做到的？

　　孩子降生在一个充满了各种声音的世界（音乐、汽车引擎、撞门声、口哨、咳嗽、哭喊、对话等等）。他们总会参与到对话中，将听到的语言分解成小部分（单词、前缀、后缀等等）、还要判断出这些成分的含义，并想方设法以新的方式将他们重新组合起来。

　　要想做到这些，就必须掌握语音、词汇、语法结构、语义等一系列内容体系。然而，这些内容相当复杂，即便是最聪明的成年学习者，也会感到束手无策。但是孩子在学会系鞋带之前就已经做到了这些。他们是如何做到的呢？

　　尽管研究者片面地回答了这个问题，但目前仍没有一个真正完整的答案。而且，随着时间的推移，人们逐渐意识到某些被普遍认可的语言学习观点并不是完整的。本章讨论的重点是比较不同的观点。我们首先讨论普遍认同的观点——孩子通过模仿父母说话学习语言。

第七章
他们是如何做到的？

1. 为什么这不是模仿？

当我们询问孩子如何学习语言时，大多数人给出的答案是"他们模仿大人"。这种解释的确有些道理。因为孩子所说的语言就是成人小时候说的。

模仿在某种程度上似乎与语言习得有联系。我们以词汇为例，孩子只能通过一种方式学会单词"cat"是指猫；单词"light"是指光。他们必须听成人的发音然后试着自己说出来，换句话说，他们必须模仿听到的声音。毫无疑问，人类作为唯一具有语言功能的生物，在声音模仿能力方面比其他灵长类动物要进步得多。

但仅靠"模仿"是无法完全解答孩子如何学习语言这个问题的。因为语言的大部分内容是不能被模仿的。其中句子就是最显而易见的例子。

英语中的词汇可以被记忆并储存在大脑中，但句子则要根据实际的需要重新创造。或许某个句子从不会在同一篇文章中的其他地方出现。如果你和我一样在写这本书，那么你就会精心设计每一句话，并深刻理解他们的含义。

除了日常问候和模式化的表达之外，我们每天所说的和所听到的句子都是全新的。他们显然不是简单地记忆和重复（与模仿相关）。

语言习得方面的两个现实问题证实，模仿的确不能解释孩子如何学习语言。首先，当句子中包含孩子不熟悉的词汇和结构时，模仿的效果并不好。他们只能模仿自己已经掌握的部分。如果他们已经学会了定冠词，那么就会模仿定冠词；如果他们学会了名词复数,就会模仿名词复数;如果他们已经掌握了 be 动词,就会模仿 be 动词。但是,他们会把句子"The dogs are hungry."模仿成"Dog hungry"(狗饿了)。正是基于这个原因,语言实验者通常都会采用模仿实验来评估孩子语言学习的进度。

再有,可能孩子知道自己的模仿能力不强,他们不常模仿句子。要证明这一点也很简单:以一段母亲和孩子的对话为例,数一数孩子所说的话有多少是模仿妈妈的。

下面是 2 岁 8 个月的亚当和妈妈的对话(#表示停顿)。如果亚当所说的句子中包含与妈妈所说的话中相同词性的词(名词、动词、形容词),并使用相同的语序,我们就把它当作为模仿句。

1. 妈妈:Do you know what this is? 你知道这是什么吗?
2. 亚当:What this is # car. 什么这是 汽车。
3. 妈妈:No # that's not a car. 不,这不是汽车。
4. 亚当:Pin. 图钉
5. 妈妈:Pin? 图钉?
6. 亚当:Yeah # Mommy # pin. 是妈妈图钉。
7. 妈妈:What kind of pen. 什么样的钢笔?
8. 亚当:car. 汽车。
9. 妈妈:car? 汽车?
10. 亚当:Yeah. 是的。
11. 妈妈:What kind of car? 什么样的汽车?
12. 亚当:Red car. 红色汽车。
13. 妈妈:Red car? 红色汽车?

14. 亚当：Yellow car. 黄色汽车。

15. 妈妈：Yellow car? 黄色汽车？

16. 妈妈：What do you do with it? 你用它来干什么？

17. 亚当：[不出声在看]。

18. 亚当：Where horses go? 马去哪儿了？

19. 妈妈：Where what go? 什么去哪儿了？

20. 亚当：Where horses? 马哪儿呢？

21. 妈妈：Horse? 马？

22. 亚当：Horse # go yes Mommy. 马跑是的妈妈。

23. 妈妈：Did he go to the corral? 他去畜栏里了吗？

24. 亚当：Did he? 是吗？

25. 亚当：There he is # Mommy. 他在这儿,妈妈。

26. 亚当：Corral corral. 畜栏畜栏。

27. 亚当：Baby horses. 马宝宝。

28. 亚当：Horses. 马(名词复数)。

29. 亚当：Baby horses. 马宝宝。

30. 亚当：Ready me go? 准备好了吗？

31. 亚当：Ready me. 准备好了。

32. 亚当：Go down dere. 去那边。

33. 亚当：Go down right side. 向右边跑。

在整段话中,亚当模仿妈妈说的话有几次？似乎只有一次(第2行),他重复妈妈的后半部话(what this is 这是什么)。除此之外,亚当所说的话中没有一句重复妈妈的话。在这段话中,妈妈4次

166 重复亚当说话(5、9、13、15行)。

不同孩子对成人话语的模仿比例也存在很大差异。研究者针对6个孩子开展实验,这些孩子刚学会造多词句。实验者把孩子的话录下来进行分析,发现模仿成人说话部分占孩子话语的5%—40%。然而,这项实验过度扩大了模仿的范围,有些丢失大量词汇的语句也被算作模仿成人的话。例如1岁9个月大的彼得所说的话,模仿部分用粗体表示:

> 彼得:Open. Open. Open. 开,开,开。
> 成人:Did you open the tape recorder? 是你打开的录音机吗?
> 彼得:**Open it.** 打开它。
> 成人:Did you open the tape recorder? 是你打开的录音机吗?
> 彼得:**Tape recorder.** 录音机。

如果将彼得所说的"Open it 打开它"也算作模仿,似乎有些不太公平,因为这看上去更像对成人提出的问题所给出的回答。

总之,尽管孩子有时会重复他们听到的话语(成人所说的),但这并不能说明模仿成人说话是学习语言的唯一方法。特别是在造句方面,模仿就显得无能为力了。很明显,解答孩子学习语言谜题的答案不在这里。

2. 为什么不能教会？

如果孩子不是通过模仿成人讲话来学习语言的，那么他们是如何做到的？是不是他们的父母通过解释事物或纠正错误来教他们说话呢？这同样不太可能。

对于"语言如何操作"这样一个最浅显的问题，大多数人都不知该如何回答。这是因为我们所知道的语言大部分是下意识的：我们知道它，却从没意识到，而且也无法向别人进行解释。

我们以定冠词和不定冠词为例。为什么人们说"I went to school 我去上学了"而不能说"I went to movie 我去看电影"呢（正确说法是 I went to a movie.）？如果被称为定冠词的"the"表示特指的含义，那么为什么在句子"The fox is a nocturnal animal（狐狸是夜间活动的动物）。"中，"the fox"泛指"普遍的狐狸"？为什么我们把太平洋叫做"the Pacific Ocean"而不能把密西根湖叫做"the Lake of Michigan"？为什么尽管我们不知道球打到他哪只胳膊，我们都会说"The ball hit him on the arm 球打在他胳膊上"而不会说"The ball hit him on an arm"？

众所周知，妈妈并没有教我们上述问题，而且我们也知道将来自己也不会去教孩子。

那么，家长会不会向训练宠物那样来训练孩子说话呢？也就是说，家长纠正孩子口语中的错误，而并不解释为什么是错的。这个观点存在两个大问题。

首先，家长并不经常纠正孩子的错误。罗杰·布朗（Roger Brown）和卡米勒·汉伦（Camille Hanlon）在研究这个问题时发现，尽管家长似乎关心孩子说什么，但他们通常并不注意孩子如何说话。当孩子的口语中出现严重的语法错误，比如"Her curl my hair. 她把我头发弄弯了"，家长也只是做出"啊哈"这样的反应。但当孩子把一座灯塔（lighthouse）说成"那里有间农舍（farmhouse）"时，家长都会进行彻底更正。

更正假设的另一大问题是，孩子对更正的反应并不积极。下面是多年来搜集的一些实例：

例子 1

孩子：Nobody don't like me. 没人（不）喜欢我。

妈妈：No, say "nobody likes me." 不，应该说没人喜欢我。

孩子：Nobody don't like me. 没人（不）喜欢我。

妈妈：No, now listen carefully: say "nobody likes me." 不对，仔细听好，说"没人喜欢我"。

孩子：Oh! Nobody don't likes me. 没人（不）喜欢我。

（孩子在使用代词表示否定后，又错误地实用助动词。）

例子 2

孩子：My teacher holded the baby rabbits and we patted them. 我的老师拿着小兔子让我们轻轻拍他们。

成人：Did you say your teacher held the baby rabbits? 你是说你的老师拿着小兔子？

孩子：Yes. 是的。

成人：What did you say she did? 你刚才说她做什么了？

孩子：She holded the baby rabbits and we patted them. 她拿着小兔子让我们轻轻拍。

成人：Did you say she held them tightly? 你是说她紧紧地拿着小兔子吗？

孩子：No, she holded them loosely. 不是，她拿的很松。

（动词"hold 拿着"的过去式是"held"。孩子在说话时错误地使用"holded"来表示"hold"的过去式。成人反复地进行纠正，但孩子仍坚持使用错误的形式）。

例子3

孩子：Want other one spoon, daddy. 我要其他的一把勺子，爸爸。

爸爸：You mean, you want the other spoon. 你是说，要另外一把勺子。

孩子：Yes, I want other one spoon, please Daddy. 是的，我要其他的一把勺子，爸爸请给我。

爸爸：Can you say "the other spoon"？你能说"另一把勺子"？

孩子：Other...one...spoon. 其他的一把勺子。

爸爸：Say "other". 说"另一"。

孩子：Other. 另一。

爸爸：Spoon. 勺子。

孩子：Spoon. 勺子。

爸爸：Other spoon. 另一把勺子。

> 孩子：Other... spoon. Now give me other one spoon. 另一把勺子。现在给我其他一把勺子。
>
> （代词 Other 后面直接接名词，父亲几次纠正孩子错误的表达法，但没有任何效果）

总之，由于家长的教导既不充分又没效果，因此对孩子的语言学习影响不大。

树立好榜样

另一个相关的假设更具可能性。其主要观点是：尽管家长通常不会特意纠正孩子的话，但他们总会说出一个相对正确的句子，以帮助孩子衡量自己所说的话。

我们设想一个简单的场景：一个孩子说："The dog runned really fast, Daddy. 狗跑得真快，爸爸。"爸爸却不假思索的回答："Yeah, he ran really fast, didn't he. 是的，他跑得可真快，是吧。"请注意，这里爸爸使用了动词"跑"的正确过去式"ran"，而孩子却用的是错误的"runned"。爸爸并没有纠正女儿的错误。事实上，他好像是同意女儿的观点并继续谈话，但同时，他又说出了正确的例子，供女儿参考。

语言学家称这种回应为"更正"。下面还有一些其他例子，更正的部分用大写字体表示，以方便识别：

第七章
他们是如何做到的?

伊芙 1 岁半至 2 岁 3 个月与妈妈对话时,妈妈重新造的句子

伊芙的话	妈妈重新造的句子
It fall. 它掉下来了。	It FELL? 它掉下来了吗(动词 fall 的过去式)?
I don't read no books. 我不读没书。	I know you're not going to read ANY books. 我知道你不想读任何书(否定句中代词 any 的使用)。
A butter. 一黄油。	You want SOME butter? 你想要些黄油(不可数名词前代词的使用)?
Have two cracker. 有两块饼干。	How many CRACKERS? 多少块饼干(可数名词的复数形式)?
Man up there. 人上那儿。	THERE'S A man up there. 那上面有个人(存在句型的使用)。
Up wall. 向上墙。	ON THE wall, yeah. 在墙上,是的(介词与名词搭配)。
Papa buy some. 爸爸买一些。	Papa BOUGHT some for us. 爸爸给我们买一些(动词的过去式和介词的使用)。
Faster faster as me. 更快更快 像我一样。	FAST as me? 像我一样快(形容词比较级和原型的使用)?
Well, what you go do? 哦,你去做什么?	What am I GONNA do? 我要做什么(口语中将来时态的使用)?
Cromer has he glasses on. 克罗姆戴眼镜。	Oh, he does have HIS glasses on. 哦,他戴眼镜了(物主代词的使用)。
That's why J. comed. 这是 J 来的原因。	Yes, J. CAME yesterday, yesterday afternoon. 是的,J 昨天来了,昨天下午(不规则动词不定式用法)。
It doing dancing. 它在跳舞。	IT'S dancing, yes. 它在跳舞,是的(进行时态用法)。
That napkins. 那尿片。	Yeah, THEY'RE napkins. 是的,那些是尿片(代词和系动词用法)。

（续表）

伊芙的话	妈妈重新造的句子
Where's is them? 他们在哪儿？	THEY'RE at home. 他们在家里（代词和系动词用法）。
What I do to it? 我对它做什么了？	What DID you do to it? 你对它做什么了（动词过去式及疑问句用法）？
Cold it. 冷的它。	I know IT'S COLD. 我知道它是冷的（陈述句表达法）。

为了更加清楚地展示现实生活中家长如何将重造的句子嵌入正常的谈话中，我们以亚当（2岁7个月）和妈妈的对话为例。妈妈重造的句子用粗体字表示。这些句子也是亚当用来衡量自己所说的句子是否准确或完整(#表示停顿)。

1. 亚当：I got a pant on. 我穿上一裤子。
2. 妈妈：**You've got what on?** 你已经穿上什么了？
3. 亚当：Shoes on # pant on too # shirt on too. 鞋 还有裤子 还有衬衫。
4. 妈妈：**Shoes on # pants on # shirt on?** 鞋 裤子 衬衫
5. 亚当：Yeah. 是的。
6. 妈妈：**What else?** 还有什么？
7. 亚当：Shoelace. 鞋带。
8. 亚当：Pant. 裤子。
9. 亚当：Shoes. 鞋。
10. 亚当：Shoelace. 鞋带。

11. 妈妈：**What else?** 还有什么？

12. 亚当：Shoelace. 鞋带。

13. 妈妈：**Shoelace.** 鞋带。

14. 妈妈：**What else?** 还有什么？

15. 亚当：Pant. 裤子。

16. 亚当：Sock. 袜子。

17. 亚当：Dat socks. 那双袜子（That socks）。

18. 亚当：Sock. 袜子。

19. 妈妈：**What else?** 还有什么？

20. 亚当：Face. 脸。

21. 亚当：What else? 还有什么？

22. 亚当：Cromer face. 克罗姆脸。

23. 妈妈：**Cromer's face?** 克罗姆的脸？

24. 亚当：Ursula's face. 厄休拉的脸。

25. 亚当：Adam face. 亚当脸。

26. 妈妈：**What else?** 还有什么？

27. 亚当：Mommy face. 妈妈脸。

28. 亚当：Mommy has a sock on. 妈妈穿一只袜子。

29. 妈妈：**No # I haven't socks on.** 不，我没穿袜子。

30. 亚当：Cromer has a sock on. 克罗姆穿一只袜子。

31. 亚当：Ursula has a boot on. 厄休拉穿一只靴子。

32. 妈妈：**Ursula has boots on.** 厄休拉穿着靴子。

33. 亚当：Have shoes on. 穿鞋。

34. 亚当：Eyes. 眼睛。
35. 妈妈：Eyes? 眼睛？
36. 妈妈：How many eyes? 几只眼睛？
37. 亚当：Four. 4。
38. 妈妈：Four eyes. 4只眼睛。
39. 妈妈：How many ears? 几只耳朵？
40. 亚当：Four. 4。
41. 妈妈：Four ears. 4只耳朵。
42. 亚当：How many nose? 几个鼻子？
43. 妈妈：Yes # how many noses? 是的，几个鼻子？
44. 亚当：Four. 4。
45. 妈妈：Four. 4。
46. 妈妈：How many mouths? 几张嘴？
47. 亚当：Mouth # Cathy # pop go weasel. 嘴　凯西　砰　黄鼠狼溜走（儿歌）。

从上面的对话中，我们发现亚当妈妈补充了缺失的动词（第2行）、添加了名词复数后缀（第4、32、43行）、还添加了缺失的名词的所属格形式"'s"（第23行）。

家长对更正有多重视？

尽管父母更正孩子话语的行为看上去对孩子学习英语有些帮助，但妈妈并不能一直这样做（爸爸和年长的子女有时也会对年龄小的孩子说话进行那样更正，但好像都没有妈妈那样频繁）。

第七章
他们是如何做到的？

在一项实验中，研究者对 40 位母亲进行调查，他们的孩子在 2—5 岁之间。实验结果显示，无论孩子说的对还是错，妈妈总会将他们说过的话重新再说一遍，但只有 2 岁孩子的妈妈表现出积极重复造句的趋势。从下面的表格中我们可以看出，当孩子的表达有误时，妈妈更正的比例也只有 26.3%。

2 岁孩子妈妈重复造句的比例

	"不正确"的表达法	"正确"的表达法
全部或部分重复造句	26.3%	13.7%
不重复	73.7%	86.3%

实验数据表明，仅靠妈妈重复的句子，孩子很难学习语言。事实上，重复造句还会带来一些误解。因为这会导致妈妈忽略孩子话语中 73.7% 的错误语句，而且对 13.7% 的正确语句加以改善。我们刚刚谈论过的例子（亚当和妈妈的对话）也证明了这一点。在亚当与妈妈的对话中，妈妈没有更正亚当的错误表达（第 17、25 行）。相反，对于亚当的标准表达，妈妈也进行了重复（第 37、40 行，妈妈在数词后加名词复数形式）。尽管有些语言要求数词后一定要加名词，但英语中数词可以单独使用。

更复杂的情况是，有时妈妈还会重复孩子所说的不完整语句，好像是对这些话的认可。以下面的亚当和妈妈的对话为例，我们会看到当亚当说"read book 读书"时，妈妈没有添加任何定冠词（the）或不定冠词（a），而是简单地重复亚当的话：（亚当 2 岁 4 个月大）

> 亚当：book. 书。
> 亚当：Read book. 读书。

> 妈妈：Alright, you **read book**. 好吧，你来读书。

这种现象非常普遍，有些出人意料。一项研究表明，妈妈会不加任何修改地重复孩子所说的错误语句，而且频率在30%左右。

父母的更正有帮助吗？

从上述的分析来看，更正方法也不是万能的。这种方法的效果并不十分明显，至少我们无法完全依赖它。

我们仍以亚当和妈妈的对话为例，在第23行中，亚当的妈妈通过更正的方法，强调名词的所有格使用法。亚当虽然马上接受了这一更正，在自己的话语中采用正确的表达法（第24行），但随后又恢复了原来的错误用法（第25行）。

> 22. 亚当：Cromer face. 克罗姆脸。
> 23. 妈妈：Cromer's face? 克罗姆的脸？
> 24. 亚当：Ursula's face. 厄休拉的脸。
> 25. 亚当：Adam face. 亚当脸。

其他的例子也反映出，依靠更正方法学习英语的效果并不明显。我们以定冠词"the"和不定冠词"a"为例。年纪小的孩子在口语中经常会丢掉冠词，而父母有时会重复孩子的话，并补充缺失的冠词。例如：

> 孩子：Clown fall down. 小丑摔倒了。
>
> 父母：Yes, the clown fell down. 是的,(那个)小丑摔倒了。(加定冠词表示特定的小丑)

这样做的效果如何？

在一项实验中,研究者选了3个孩子,主要研究更正方法对他们口语中冠词使用情况的影响。研究者发现,针对孩子丢失冠词的语句,家长更正的频率为35%。但似乎也没有什么立竿见影的效果。因为孩子听完家长的更正后,在新的语句中并没有马上使用冠词。

此外,长期的调查研究表明,父母的更正行为并不能增加孩子使用冠词的次数。对孩子来说,无论听到多少次父母重造的句子,似乎对他们掌握冠词没有帮助。

但另一方面,我们必须承认更正方法有时也奏效。在一个特别有趣的实验中,实验者教4—5岁孩子几个虚构的英语单词,单词的含义指代有趣的游戏,例如打沙包。

孩子最初听到这些动词是以"-ing"的形式出现的(比如 pelling),所以他们不知道这些动词的过去式形式。实验者将这些虚构动词的过去式设定为不规则变换形式,比如"pell"的过去式为"pold"(类似动词"tell,告诉"的过去式)。实验者采取两种方法来教孩子"pell"的过去式:1. 允许孩子使用错误的过去式形式,然后通过更正的方法加以更正;2. 实验者教给孩子正确的过去式形式。

> **方法1：允许孩子犯错，然后用更正方法进行强调**
>
> 成人：What happened? 发生什么事了？
>
> 孩子：He pelled him. 他 PELLED 他。
>
> 成人：Yes, he POLD him. 是的，他 POLD 他。
>
> **方法2：实验者教给孩子正确的动词过去式**
>
> 成人：Look what happened? He POLD him on the leg. 看，发生了什么？他把沙包打在他腿上了。

实验结果很明显，采用方法2后，没有一个孩子能够正确地使用动词的过去式。而通过方法1，孩子在听到一次重复句后，动词过去式的正确使用率大约为30%。这说明孩子对成人的重复句，特别是对紧接错误表达方式的重复句比较敏感。我们注意到在方法1中，成人在孩子说出"pelled"错误表达法后，马上进行了重复更正。

实验者又通过一项长期的实验，针对更正方法对孩子语言学习影响进行调查。这项实验历时5个星期，包括10个部分，实验结果更加有趣。实验将孩子们分成两组：一组接受更正而另一组不接受。实验结束时，接受更正影响的孩子，口语语句正确率基本达到100%，而另一组则仅为40%。

时间问题

在孩子学习英语的过程中，更正方法或许在某种程度上比其他方法更有效。实验者对一名叫伊芙的孩子进行跟踪研究，研究结果显示，当伊芙能正确使用某种英语表达法（正确率达到50%），她能更好的接受父母针对这一表达法的更正。但如果她不能正确使用这一表达法,父母的更正似乎不发挥作用。一旦伊芙接受了父母的更正,她很可能会更正自己话语中的错误。

这么看来,更正方法更有助于强化孩子已经掌握的英语表达,但对新的内容却无能为力。如果这种理论成立,就意味着更正法不能帮助孩子学习英语,但可以使他们更好的运用已经掌握的内容。

这样解释看起来合情合理。如果我们把更正法看做学习英语的主要途径,对于那些经常更正孩子话语的家长来说,孩子在语言能力方面势必要比其他孩子快。但事实并非如此。影响孩子语言能力发展的条件千变万化。甚至某些文化认为,孩子在独自造句之前都不能被看做谈话的对象。在这种情况下,父母的更正便成为一种奢侈的待遇。即便在这种环境中,孩子仍然顺利地学会说话,而且并没有任何明显的障碍。

因此,更正方法虽有助于孩子的语言学习,但却不是决定因素。孩子可以不依靠它或其他任何方法学会说话。

3. 孩子需要什么?

家长和孩子到底需要什么?如果他们不会模仿家长的话语(不模仿句子);如果他们不依靠家长的教导或更正来学习语言,那么家长在孩子语言学习过程中还有什么作用?

有学者认为,家长在孩子语言认知过程中所发挥的作用,就是他们与孩子说话的方式,被称作"妈妈语"。这种说话方式的特点是语速很慢、发音清晰、使用基本的词汇、简短的句式以及某种夸张的语调。

> **妈妈语的特点**
>
> 语音：
> - 语速较慢，实意词和句子之间的停顿较长
> - 整体声调较高；音域较广
> - 夸张的语调及重音
> - 每分钟所说的词较少
>
> 词汇及词义：
> - 有限的词汇
> - 多达三次解释
> - 说话内容更多表达当前状态
>
> 句子：
> - 句子中较少断句、词义连贯
> - 短小、简单的话语（大约50%的话语都是单字句或短句子）
> - 结构完整、容易理解
> - 较多命令句和问题句（大约60%）
> - 较多重复句

　　顺便提一句，爸爸和年长的孩子在同年幼的孩子说话时，也会按照这种方式调整自己的话语，只是这样做的频率没有妈妈高。

　　根据上表中的内容，如果按照妈妈语的特点对自己话语进行调整后，就能帮助孩子学习英语。对于孩子来说，缓慢的、清晰的话语使他们更容易理解成人的语句，并将这些话拆分成小部分。有限的词汇、简短的句子和对当前状况的描述，使他们更容易理解语句含义。重复句也使孩子有机会再次理解刚听到的句子。

第七章
他们是如何做到的？

众所周知，孩子对妈妈语很感兴趣。实验表明，4个月大的孩子将头转向发出妈妈语语调方向的次数，要多于转向其他发出成人语调方向的次数（据我所知，目前研究者还没有对爸爸语的神奇魔力进行过调查）。

妈妈语有用吗？

也许有用吧。上一段我们曾提到，妈妈语特征可以增强孩子对妈妈语句的理解。这一点看起来很有道理，因为大多数的妈妈都希望能和孩子进行交流。所以孩子在学习英语的早期阶段，接触极容易理解的句子是没有坏处的。

然而，这不意味着妈妈语是孩子英语习得必不可少的条件，因为在一些文化和民族中，妈妈语很少被使用。例如雪莉·布莱斯·奚斯(Shirley Brice Heath)在20世纪70年代对美国裕克顿地区的黑人工人阶层进行广泛调查。她发现在这个地区，成人在同孩子说话时从来不改变语言模式，他们不会使用简单的单词或模仿孩子的话，甚至说话的语速也和平常一样。

奚斯在研究报告中指出，在裕克顿地区，成人根本不会把婴儿或年纪小的孩子当做合适的谈话对象。除了警告、命令和逗孩子，成人对年纪小的孩子很少采用特殊的说话方式。但裕克顿地区的孩子同样学会了说英语。

我个人认为，这个问题归结于每个社会对孩子和语言的理解/误解。每个社会都有自己的风俗习惯，而在我们的社会中，孩子在英语学习方面需要特殊的帮助。斯蒂文·平克(Steven Pinker)试图通过引用其他文化的民间传说来证实这一点。他对非洲南部卡拉哈里沙漠中的龚圣人进行研究并发现，龚圣人认为成人必须教孩子坐、站和走。当然,龚圣人的观点是错误的,因为当孩子具备了坐、站、走的能力,他们自己就会完成这些动作。

那么,我们对孩子学习英语的观点也是错误的——孩子学习英语也不需要任何特殊的帮助。当研究者询问裕克顿的居民安妮·梅(Annie Mae)如何看待孙子学习说话时,她是这样解释的:

> 他一定会自己了解这个世界的;没有人能告诉他……白人听他们孩子说话、学孩子说话、还总问孩子问题,好像孩子生来就知道似的。你觉得我能告诉缇吉生活中所有的东西吗?根本不需要我告诉他"学这个,学那个,这是什么?那是什么?"他只要感兴趣,多观察就行了。

关键因素是什么?

根据上述情况,我们是否可以推断孩子在任何环境中都可以学会说话?不完全正确。在掌握一种语言之前,至少要满足一个外在条件:针对某一种语言,即便孩子还有很多内容没有学会,他们必须能够理解所听到的句子。

下面的例子会帮助你理解这个道理:你在学语言时,能否仅仅依靠听收音机?

答案当然是否定的。如果你的记忆力很强,你或许能够记住某些语段,特别是那些能够经常听到的语段。但是,你永远不知道这些话的含义。你也不会知道所记住的内容是句子还是词组,或者其中的主语位于动词前还是后。你也不知道如何表达名词的复数或动词的过去式。

第七章
他们是如何做到的？

这个过程都会变得毫无意义、没有希望，你很快就会放弃学习这种语言。对于孩子来说也是一样。实验表明，与聋哑父母生活在一起的健全孩子，不可能通过电视或收音机学习说话。

但是，让我们设想另外一种情景。假设你就是个牙牙学语的孩子。如果你听妈妈和周围其他人说话，几个月后你就会掌握几十个常见的单词，这些单词大多是你经常看到的、接触的或玩具的名称（回想一下，孩子最初学会的词汇多数都是事物名词）。

我们以单词"doggie（小狗）"为例。有一天你和妈妈向窗外看，这时有只小狗跑了过去。妈妈会说："Look. The doggie is running.（看，小狗在跑）"。可能你会忽略 doggie（小狗）和 running（跑，进行时）前的小词 the（定冠词）和 is（动词进行时态的助动词），因为这两个小词既不是重读单词又没有具体含义。但是你能听到一些熟悉的单词例如 doggie 和 running（至少是动词原形 run），这样你就知道小狗在做什么了。

在上面的例子中，你需要通过两个步骤来理解句子含义：首先，你已经学会动词"run（跑）"并且知道在英语中动词放在主语后面。然后，你能够通过观察周围发生的情况，判断妈妈语句的含义。所以，你不需要掌握英语的全部内容也可以理解妈妈在说什么。

当然，孩子在3岁以前所听到的几百万的句子并不都是这种情况。比如孩子偶然听到妈妈说："削减年终奖应缴的所得税会产生不良经济影响"。像这样的句子对于孩子来说，只能不关痛痒地一个耳朵进另一个耳朵出了。

但与孩子进行对话时所说的大部分话语，都是他们想听到、看到或想要了解的，以及曾经或将要经历的。正是这些话语为孩子提供了学习英语所需要的原材料(家长要特别注意)。

　　这条原则在裕克顿地区同样适用。尽管那里的成人很少与孩子交流,但他们也经常和孩子在一起,当着孩子的面和别人说话。只要有些句子表示当时的情形,孩子就会理解这些句子的含义,语言习得的关键条件就产生了(裕克顿地区的孩子是否也会注意这些句子?他们当然会注意,因为奚斯在报告中提到孩子经常重复大人的话)。

　　无论是在哪里,当孩子英语习得的关键条件产生之后,我们都会问"接下来呢?"你可以对一只刚出生的猫说简单易懂的句子,但直到生命终点它也不可能学会说英语。很显然,语言学习不仅仅指听到某篇文本中的某些句型,而且还包括一些不能被直接观察到的因素,因为这些因素存在于孩子的大脑中。

4. 都在大脑中

　　不容置疑,人类是最适合学习语言的物种。那是由于人类拥有合适的嘴唇、舌头、咽喉及鼻子。语言所发出的声音取决于人类的发声器官以及发声器官的使用方式。

　　有些动物拥有又长又细的舌头(比如狗);有些没有嘴唇(比如猫);有些声带不发达(比如大猩猩);有些大脑和嘴部、咽喉部位的肌肉的联系不够发达(除人类以外的动物)。这些动物都无法说出人类的语言。

　　不具备人类的耳朵和大脑听觉中心的物种,同样也无法掌握语言。他们不可能依照程序,制造语句或辨别语句中所包含的模式。

至关重要的是,只有拥有人类大脑的物种,才能够将语句分解成小的语言成分:单词、词根、前缀、后缀,判定每个成分的含义,并设法用新的方式将这些成分组合起来,以表示新的事物。

我所指的人类大脑,其结构与DNA所携带的遗传信息一致。也就是说,语言功能是人类与生俱来的能力。大量的证据表明确实如此,对语障人群的研究结果更加证明了这一点。也就是说,如果语言能力被认为受到先天遗传因素的影响,由此推断,语障也是由一些遗传因素造成的。这种理论很有说服力。我们可以设想,如果语言能力是与生俱来的,那么有些孩子的语言体系很可能先天不健全,就像先天近视一样。问题的关键在于如何找到这种语障现象,并且确认这些问题源自先天因素,而与后天的生长环境(家长粗俗、不完整的语句)无关。

出现问题

研究者通过对同卵双胞胎的语言能力研究,为先天语障现象提供了具有说服力的证明素材。目前的研究结果证实了我们的假设:同卵双胞胎在语言能力和语障方面的相似之处,要多于异卵双胞胎或其他的兄弟姐妹。

研究结果显示,孩子的生长环境对语言能力发展没有太多影响,这是因为同卵和异卵双胞胎都生活在同一个家庭环境中,因此我们可以推断,他们在小时候所听到的语言大致相同。但从基因的角度来看:同卵双胞胎具有相同的基因,由这些基因所构成的能力也大致相同。

此外,研究者还通过对领养儿童的研究,寻找先天的语言能力因素。如果所有的条件都一样,我们可以预测被领养儿童的语言能力更接近他的生理亲属,而不是生活在一起的领养亲属。

实验结果再一次证实了我们的假设。如果孩子的生理亲属存在语障问题,他们发生语障的概率要比生理亲属没有语障问题的领养儿童高三倍。这项实验的结果与双胞胎的研究类似,两类研究都证明了孩子先天的语言能力会导致后天语言上的欠缺。

有些语障是由特殊基因引起的。近年来,备受世人关注的语障病例是伦敦 KE 一家三代的症状。研究者对 29 名家庭成员进行测试,其中有 14 位患有先天性语障问题,一些语言能力较弱,最突出的问题是无法正确地使用英语中的规则后缀(比如名词复数和动词过去式)。

尽管这些患有语障的家庭成员能够轻易地读出单词"nose(鼻子)"结尾处"se"的发音[z],但他们却将名词复数"bees 蜜蜂"[bi:z]读成"bee"[bi:]。他们也不能在句子中正确地使用名词的复数和动词过去式,例如,他们会说"It's a flying finches, they are"(应该是"They are flying finches, they are"(看麻雀在飞)其中名词"finch"麻雀为复数);"She remembered when she hurts herself the other day."(应该是"She remembered when she hurt herself the other day"(她记得那天弄伤自己的时间)其中动词"hurt"为过去式)。更有趣的是,这些家庭成员都没能通过"Wug 测试"——遇到新的名词和动词时,他们无法说出正确的名词复数及动词过去式形式。

2001 年,两位牛津大学的基因学家将引起语障的基因命名为"FOXP2",这种基因会连接其他基因。人们可能会认为一种特定的基因会影响某种语言能力(比如词尾处添加后缀),但是事实并非如此,基因以更为间接的方式发挥作用。

"FOXP2"似乎也是间接地影响人类的语言功能——它产生出某

种可以导致语障的因素。而且研究结果表明,对于 KE 家族中带有缺陷基因的成员来说,他们不仅不会正确使用词尾后缀,语言的其他能力甚至生活能力也存在问题。由于读音不准确,人们无法理解他们的话;他们也不能模仿别人的面部动作,例如张开嘴并伸出舌头。另外,他们的智商也比语言障碍的成员平均低 18 或 19 个点。

5. 寻找语言习得工具

即便基因学家认为,特殊的基因构成了人脑学习和使用语言的能力,但这仍然无法解答孩子如何掌握语言。回答这个问题不仅仅包括鉴别不同功能的基因,还包括准确地描绘出当孩子听到语句时,大脑如何工作,以及如何使孩子在三年内熟练掌握语言。

不幸的是,我们无法直接研究人类的大脑。事实上,我们所知道的关于大脑中语言功能的信息,大部分来自对受损大脑的检测报告(损伤是由外击或受伤导致的)。其余绝大部分信息来自对健康成人的实验报告——使用电极、大脑扫描以及其他方法。这些方法都不需要实施外科手术。我们必须使用不同的方法研究孩子的大脑,研究它如何使孩子如此成功地学会英语。

这种方法将大脑比作一个"黑匣子"。科学家用这个名词来描述某种仪器,人们无法直接看到里面的内容。与语言学习相关的"黑匣子"有时被称作"习得器"。我们都知道这个黑匣子中装着什么——我们刚刚讨论过,语言习得中最重要的成分是人们谈话中通俗易懂的内容。我们把这些内容称作"经验"。

我们还知道,黑匣子会制造出使用语言时所需要的知识。语言学家经常把这种知识称作"语法"。或许你会认为语法只是书本上的东西,但语言学家认为它是"一种语言的知识"。

如果理论成立,那么语言的习得过程就如下图:

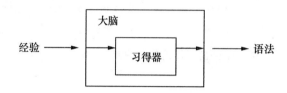

语言习得研究者的主要任务是准确地找出习得器(孩子大脑)中,将应验转换成语法的因素。

当然,在某种程度上,习得器是一个提取器。它并不像字面描述的那样(大脑中的一个盒子)。实际上,它的不同部分分散在大脑的不同区域,就像关于语言的书分散在图书馆的不同地方一样。

到目前为止,习得器的主要问题在于:1. 它有哪些部分? 2. 这些部分如何工作? 下面有两个截然不同的观点:

观点一:习得器仅为语言使用

有些学者认为,习得器的独特设计是为了发挥良好的作用,以实现唯一的目的——语言习得。根据这一观点,一些研究者提出了更加具体的看法。比如诺姆·乔姆斯基(Noam Chomsky)认为,习得器中包含了已知语法(先天的)。这种语法所包含的种类和原理适用于所有语言,被称为"普遍语法"。

如果孩子先天具备了这套语法体系,他们在开始学习英语时就已经领先了一大步。我们以语法中的不同词汇种类为例,做进一步解释。在所有语言中,名词和动词之间的区别是最基本、最重要的。但是,要找出两者之间的区别并把单词正确地归纳到相应的种类，比我们想象得要难。问题的关键在于根据什么标准来区分两者之间的不同。以下面的句子为例：

> That dog is misbehaving. 那条狗在发疯。

"dog 狗"是名词而"misbehave 发疯"是动词。但孩子是如何分辨两个词的不同呢？

我们发现这两个词之间存在许多不同之处："dog 狗"以"d"开头；表示一个动物；由一个音节组成；紧跟在代词"That 那个"后面；在句子中位于第二位等等。如果你对语言一无所知，你又将如何决定哪些特征对判断词性有帮助呢？

为什么不把所有以"d"开头的单词都归为一类，比如 dog 狗，do 做，dull 无聊，dangle 摇摆等等？为什么不把下面句子中的"dog 狗；already 已经；at 在……地方；see 看见"这些词都放在同一句话中？仅仅因为他们不能同时处于句中第二个位置吗？

> The DOG bit me. 那只狗咬了我。
> I ALREADY ate. 我已经吃饭了。
> Look AT the giraffe. 看长颈鹿。
> I SEE the elephant. 我看大象。

换句话说，孩子如何知道应该把单词归纳为名词或动词？即便将词进行了分类，她又是如何知道哪些是名词、哪些是动词？

主张普遍语法的语言学家认为，是语言习得器告诉孩子应该怎样做、应该如何判断。也就是说，语言习得器使孩子了解所有的语言都有不同的词汇种类(例如名词和动词),并且还提供一些提示,帮助他们准确地将不同的词归纳到相应的种类中。

归类提示

语言习得器给出什么样的提示呢?一种可能是,这些提示表示种类单词与含义相联系。比如,习得器告诉孩子,指代具体事务的单词一定是名词。语言学习者马上就知道类似 dog 狗;boy 男孩;house 房子;tree 树等单词都属于这种词类。

光知道这些是远远不够的。一旦孩子掌握了如何判断名词,他们会自觉地发现名词的其他特征,比如:名词总与指示代词(this 这个、that 那个)搭配;名词有复数形式;名词可以做主语和直接宾语;在句子中名词总被强调,等等。

> 与指示代词搭配:
> **That dog** looks tired. 那条狗看上去很疲倦。
> **This house** is ours. 这是我们的房子。
> 名词复数结尾形式:
> **Cats** make me sneeze. 猫让我打喷嚏(泛指猫这种动物)。
> I like **cookies**. 我喜欢饼干(泛指饼干这种食品)。
> 名词被用作主语或直接宾语:
> **Dogs** chase **cats**. 狗追猫(狗是主语,猫是直接宾语)。
> A **man** painted our **house**. 某个人粉刷了我们的房子(某人是主语,房子是直接宾语)。

以上这些特征同样适用于例如 idea(观点)和 attitude(态度)这

类不指代具体事务的名词。在日常生活中孩子会逐渐意识到,这些词汇也与指示代词搭配;他们同样被用作复数形式;在句中处于主语位置。尽管这些词不指代具体事物,只要孩子已经掌握了这些名词的特征,她就很容易将这些词归为名词。

如果上述理论正确,我们就可以确定孩子判定单词为名词的过程(这种过程同样适用于动词、形容词以及其他词汇)。

认知方法的原则	孩子受其影响后所注意的事物	孩子随后采取的行动
如果一个单词指代一个具体的事物,那么它就是名词。	名词与指示代词 This(这个)或 That(那个);名词可以有复数形式;名词在句中可以做主语和直接宾语。	根据词汇在句中的使用情况,将一些特征不明显的名词(idea 观点、attitude 态度)归纳为名词。

有时,人们把这种认知过程称作"自持过程"(我们在第三章里也曾提到这种过程,只是所讨论的内容不同)。这一过程的基本理论是:语言习得系统最初为孩子提供了一点点信息,比如必须区分语言中的名词和动词;如果一个单词指代具体的事物,它就是名词。随后,孩子要依靠自己的能力完成整个词汇分类过程。

句子构成法

众所周知,单词本身就像建筑材料一样,只有将他们按正确的方式整合在一起才有意义。这就是句子的构成法,我们以下面一个简单句为例,进一步解释说明。

> Jean helped Roger. 简帮了罗杰。

在只有三个单词的句子里,每个单词以及他们的含义都必须结合在一起。但为什么必须按照这种方式结合呢?谓语动词是不是同时紧接两个名词?

或者动词是否先连接句子主语,构成更大的词组后,再与宾语连接?

再或者谓语动词连接直接宾语后,构成较长词组,再与主语连接?

孩子怎么会分辨出以上的这些假设哪个是正确的?作为成人,我们是否能分别出呢?

这个例子又一次证明了,认知方法的正确使用离不开下面的重要因素:

> 1. 单词都是成对儿使用的。
> 2. 主语(施动者)比宾语(受动者)位置高。

掌握了这两点,孩子就能轻松地选出正确的句式。俗话说:掌握原理,事半功倍。

观点二:认知法并不仅仅适用于语言

关于认知法在语言习得方面的作用,一些学者提出了截然不同的观点。他们认为认知法不仅仅适用于语言习得,比如伊丽莎白·贝特斯和布瑞恩·麦克文尼把这一理论称为"用旧部件组装的新机器"。也就是说,尽管这一理论适用于语言习得,但它的其他方面并不是为语言习得而设计的。

我们以相互排斥假设为例。在第三章中我们曾看到,排斥假设赋予事物唯一的标志。也就是说,当孩子看到两种事物,其中一种是她所熟知的(比如香蕉),而另一种她并不熟悉(比如扫把)。当听到"告诉我哪个是'fendle'"时,她就会指"扫把"。

那么,相互排斥理论是否只适用于词汇及其含义的掌握呢?或许不是的。保罗·布鲁姆指出,孩子在语言认知时产生这种状态是基于以下原因:

> 1. 我知道香蕉叫做"banana"。
> 2. 如果说话人所指的事物是香蕉,她会让我指出来的。

> 3. 但她没有让我指出香蕉；她还说了一个奇怪的单词"fendle"。
> 4. 所以她所说的一定是除了香蕉以外的东西。
> 5. 目前被选的东西只有"扫把"了。
> 6. fendle 一定就是指"扫把"。

这种状态并不仅限于对词汇与含义的掌握，它也存在于孩子对一般事物的认知过程中。

吉尔·蒂森缀克（Gil Disendruck）和罗瑞·马克森（Lori Markson）在一项实验中向3岁大的孩子展示了两件东西，并假设第一件东西是姐姐给的。接着，他们让孩子"找出小狗喜欢玩的东西"。多数孩子会选择第二件东西，其原因如下：

> 1. 我知道第一件东西是他姐姐给的。
> 2. 如果他提到的那个东西,他会让我找出姐姐给他的那件。
> 3. 但他没有,他要小狗喜欢玩的东西。
> 4. 所以他指的一定是另外一件。
> 5. 最有可能的就是另外那件东西。
> 6. 第二件东西一定是小狗喜欢玩的。

布鲁姆指出,单词学习技巧并不仅仅局限于对单词含义的掌握,它对全面认知能力发展方面同样发挥作用。

统计学习法

语言认知法中另一个更为普遍的方法被称作"统计学习法",也就是将两个或多个同时发生的、存在一定联系的现象串联在一起。

我们在第二章中讨论过彼得·朱思科和他的同事所从事的一系列眼花缭乱的实验。实验结果证明,即便不会说话的孩子也知道不同的单词有各自不同的读音。

以重读音节为例,拥有两个或两个以上元音因素的词汇,其音节重读方式为"强—弱",例如 Baby /ˈbeibi/孩子。此外,词汇间的连读现象也是如此。比如"ng-t"这种连读经常出现在词与词的链接处,而不会出现在词汇内。

语法习得过程中也会出现类似的现象。在第四章曾经介绍过一个实验,当实验者为1岁半的孩子播放录音时,他们能够分辨出录音中将 is + 动词 ing 读成 can + 动词 ing。尽管孩子自己的表达能力还仅仅局限在一个词的水平,但他们已经能够注意到成人话语中 is + 动词 ing 的语法模式了。

以上这些理论在很大程度上决定如何将词汇分开或联系在一起,他们对孩子的语言习得发展起到至关重要的影响作用。但是,我们不能将统计学习法简单地局限于语言认知,比如狗与狗叫声、云与下雨、看医生和手术针等之间的联系,也都是通过这种方法掌握的。

哪种观点正确?

语言学界的专家持有两种态度:一种态度认为认知方法仅仅

适用于语言习得;而另一种主张人类运用更为普遍的学习技能掌握语言。这两种争论持续了至少30年之久。在这期间,两大阵营各持不同观点、互不相让。

根据上面的例子,我们很容易看出:赞成语言习得唯一方法理论的学者,侧重于词类和句型结构方面的掌握;而主张普遍学习方法技能,则强调掌握词汇及其含义。

为什么两道阵营不能"肩并肩"合并在一起,共同着眼于句型种类与句子结构呢?答案是,两种派系在句型种类和句子结构方面从根本上就没有达成共识。因此,两派才会争论不休。

针对语言习得方法的争论,归根到底在于对语言本身性质的认识分歧。

一方面,一些语言学家将语言看做一个复杂体系,这个体系被抽象的规则描述出来,并且在认知方面具有独特性(例如,这一理论要求句子具有二进制结构)。所以,支持这种理论的研究者认为,语言习得方法只用于语言学习。

相反,许多语言学家认为,语言应发挥其交流功能才能被掌握。这些专家认为交流技能(而不是语言规则)真正决定了语言如何被使用。沟通包括多种因素(新与旧信息的对比、观点、说话者与听众的状态、周围环境),因此这一观点更偏重多目的习得方法。

关于语言性质的争论远远早于对语言习得方法的辩论,而且似乎仍然没有得到解决。与此同时我们还学到了很多东西,例如如何学习语言。本书的最后部分将讨论学习的过程。

6. 学会学习

无论语言习得理论中包含了多少内容，一种语言中还有许多方面需要被掌握。例如，即使习得理论能够让孩子懂得，在任何语言中名词大多指代具体的事物，但有些语言现象还是要靠他们自己来掌握，例如名词复数。

英语中的名词复数是通过在单词后加后缀"-s"来表示。但其他语言并非如此。例如在韩语中，后缀"-tul"用来表示名词复数（namja 表示"男人"，而 namjatul 则只表示"男人们"）；相反，在塔加路族语中，人们通过在单词前加前缀 mga 来表示名词复数（bata 表示"一个孩子"而 mga bata 指"孩子们"）；然而在印尼语中，人们则用重复单词的方式来表示名词复数（orang 指"男人"，orang orang 则表示"男人们"）。

孩子在学习英语时应该注意的要点

● 名词复数通常是在单词后加后缀"-s"来表示（如 book/books，书）。但有些单词例外，比如 man, child, fish 等等（这些单词复数为 men, children, fish）。

● 动词过去式通常是在动词后加后缀"-ed"来表示（如 walk/walked，走）。但有些动词例外，比如 run, eat, sleep, loose, do, feel, see 等等（这些动词过去式为 ran, ate, slept, lost, did, felt, saw）。

● 动词通常连接主语和直接宾语，并且按照一定顺序组成

> 句子(例如：The cat drank the milk. 猫把牛奶喝了)。
>
> ● 名词连接着形容词和冠词，并且按照一定顺序组成词组(例如：a big trunk. 一棵大树)。
>
> ● 在疑问句中，助动词往往被提前至句首(例如：Can you stay? 你能留下来吗)。

很显然，有效灵活的语言习得方法使孩子在学习任何语言时，都能够轻松自如地掌握语言中的许多关键问题。语言学习中的归纳过程恰恰体现了这一点。归纳是指从多个单一的例子中得出的具有共性的结论。

保守估计

归纳是一种十分常见又非常有效的语言学习方法。例如，当你看到三四只羊时，你就会得出结论——羊是一种毛绒绒、吃草的动物；或者当你刚吃完巧克力身上就起麻疹，你也会断定自己对巧克力过敏。

对于孩子来说，归纳能力是一种十分有效的学习工具。当孩子看到单词 dogs，books，cars(狗，书，车)就会归纳出名词后加后缀"-s"表示"多个"。因此，当他们看到 walked，jumped，danced (走，跳，跳舞)时，也会推断出动词过去式的表示法。而且，这种能力还会使孩子将名词、动词、形容词按照正确的顺序进行排列，组合成句子，例如 Mommy seems tired.(妈妈看上去很累)，Kitty is hungry(凯蒂饿了)。

由于归纳方法十分有效，有时也会被滥用。例如，孩子无法仅通过 mommy, seems, tired 三个组合在一起的单词归纳出这种句型特征。任何三个单词都有可能组合在一起,或以其他顺序进行组合。但是 Mommy seems jumped 和 Tired seems Mommy 都不是正确的英语句子。孩子会尽量避免发生此类错误。语言学家也提出了一种可以控制滥用归纳法的方法。但这种方法的效果如何呢?

许多语言学家建议使用归纳过程应该贯彻"保守原则",也就是让孩子学会谨慎决定如何使用语言。

> **保守原则**
> 小范围归纳;避免过度归纳。

我们以句中的单词顺序为例。有些语言(例如英语)有相对固定的词序。主语在动词前,动词在宾语前。

> John read the book. 约翰看书。

相反,西班牙语中的词序相对灵活。主语可在句首(与英语类似)、动词后或者句尾。

	主语在句首	主语在动词后	主语在句尾
西班牙语	**Juan** leyó el libro	Leyó **Juan** el libro	Leyó el libro **Juan**
英语	John read the book	Read John the book	Read the book John

我们以 John read the book 为例,孩子怎么才能掌握英语的唯一语序呢?通过保守估计,孩子将排除不熟悉的句型顺序,从而避免错误。

在语言学习中,保守原则发挥了重要的作用。老师和家长要花费很大精力和时间来纠正孩子的语言错误,因此孩子应该学会谨慎使用英语句型,不使用没有听过的语句句型。

在第四章我们就曾讨论过,孩子在处理句中的词序排列时,主要依据的理论:小规律(主语放在动词"push"之前);大规律(主语放在所有动词之前)。

我们可以看出,2岁左右的孩子在词序安排方面十分谨慎,并主要依赖小规律。在积累了一些语言学习经验之后,孩子在4岁左右时才敢于采用大规律:英语中所有主语位于动词之前。

解决问题

孩子有时候十分固执,比如在词汇的排序方面就喜欢坚持自己的观点。但在掌握语言其他方面,例如名词复数和动词过去式的结尾,他们却又粗心大意。这种现象体现为仅仅使用某一种语言模式进行表达。比如,在某些特殊名词后添加后缀"-s",表示名词复数:mans, sheeps, childs①;或者将添加后缀"-ed"表示动词过去式:eated, runned, sleeped, falled, goed②。但这只是孩子"过度概括"语言规则现象的一小部分。

记得在我女儿3岁的时候,每个周末我都会陪她在院子里玩,每次都会跟她说:"我们在这儿玩一会儿吧。"有一天我们玩儿得很开心,女儿问我:"我们能不能玩'**两**'会儿?"

很显然,我女儿认为"会儿"和其他时间单位(秒,分钟,小时)

---

① man 人, sheep 羊, child 孩子;这三个名词的复数形式为特殊变化,正确形式为:men 人们, sheep 羊群, children 孩子们。

② eat 吃, run 跑, sleep 睡觉, fall 摔倒, go 去;这些动词的过去式为特殊变化,正确形式为:eat-ate, run-ran, sleep-slept, fall-fell, go-went。

一样。这些时间单位可以用复数形式表示大于 1 个单位,所以"会儿"也是一样的。这种推断看上去挺合理,但实际情况却是错误的。

为了能够透彻地了解孩子如何自我更正"过度概括"现象,我并没有纠正女儿的错误,而是将她的错误记录下来并且经常进行比较。几个星期过后,女儿就不再说"玩儿**两会儿**"了,而是恢复了正常的表达方式——"玩儿一会儿"。

从这个例子中我们可以看出,女儿一定意识到没有人说"**玩儿两会儿**"。这就证明孩子能够注意有些表达方式并不被人们采用的。

形容词转变成副词时的"过度概括"

我们再举个例子:女儿 4 岁的时候,当表示"做地好",她会用"goodly"而不是"well"。

> We have to do this *goodly*. 我们必须要做好。
> Didn't I draw this *goodly*? 我画得好吗?①

从这个例子中我们可以清楚地了解问题产生的根源。女儿之所以使用"goodly"来修饰动词,是受到了形容词转为副词规律的影响,如下表:

---

① good "好的",形容词,用来修饰名词;well 好地。副词,用来修饰动词。孩子在此处错误地在形容词 good 后添加"-ly"后缀来表示副词。正确的表示为:
We have to do this well. 我们必须要做好。
Didn't I draw this well? 我画得好吗?

形容词	副词
quiet（a quiet man） 安静的（一个安静的人）	quietly（eat quietly） 安静地（安静地吃）
slow（a slow car） 慢的（一辆慢车）	slowly（go slowly） 慢慢地（慢慢地走）
happy（a happy girl） 高兴的（一个高兴的女孩儿）	happily（play happily） 高兴地（玩儿得高兴）
quick（a quick dog） 快的（一条快狗）	quickly（run quickly） 飞快地（跑地飞快）

从上面的例子中不难看出，许多形容词在变成副词时都是在结尾处加"-ly"。也就是说我女儿显然是受到了这种普遍规律的影响（语言学习者通常都会受到这种影响）。因此，当需要用副词"好地"来修饰动词时，她就直接在"good"后添加"-ly"。当然这种做法是不正确的，但却似乎又合乎情理。主要的问题是如何能够使孩子纠正自己的错误。

这次我仍然没有纠正女儿的错误，而且正如我所料，几个月后女儿就不再使用"goodly"而是转用"well"。她不再坚持自己的做法。更令人高兴的是，她的语言习得方法又一次发挥了作用。至少她已经注意到没有人说"goodly"。

在这个过程中，还有一种学习技巧发挥了作用，这种技巧被称作"对比原则"。

> **对比原则**
> 将每两个代词的含义进行对比。

这一原则最基本的含义是：没有任何两个词的含义是完全相同的。

当然，英语中有许多词在词义上很相近，比如 slim，thin 和 skinny（都表示瘦），但它们之间也有细微的差别。也就是我们会说 thin hair（稀少的头发）和 a slim waistline（纤细的腰身），但两者不能调换使用。一种语言中不会出现含义完全相同的两个单词，因此对词汇含义进行对比是有必要的。

回到上面提到的例子，当女儿听我说"You did that really well"（你这样做非常好）或者"Did things go well today?"（今天一切顺利吗?），对比原则便发挥了作用。在这些话中，副词"well"（好）的含义恰恰与她想使用的"goodly"含义一样。对比原则就会提醒她"意义完全相同的两个单词是不存在的，其中一个单词必须去掉"。

那么应该保留或去掉哪个单词呢？语言习得方法通常都会使语言学习者意识到，成人所说的话都是正确的。当他人所使用的语言模式与孩子自己创造的语言模式发生冲突时，获胜的往往是前者。因此，错误的表达方式逐渐被正确表达方式所取代，比如"goodly"被"well"取代；"eated"被"ate"所取代。孩子的语言也慢慢地变成了成人的语言。

请注意，这种转变需要经过大量接触成人的语言才能够实现。第二章第三部分中曾经提到，根据某项研究统计，孩子要聆听几百次成人语言才能彻底转变错误表达方式。但对于有些不常使用的词汇，如果孩子不能实现彻底转变，又会有什么样的结果？其结果就会使孩子将过分概括模式保留下来，导致语言发生了变化。这也正是为什么现代英语中会使用"thrived"来表示动词"thrive"兴旺的过去式，"thrive"最初的过去式为"throve"。

再次纠正

重复并更正孩子话语中的某一部分被称作纠正,这一现象我们在本章的开头部分谈过了。当家长对孩子的话语进行纠正时,对比原则就会发挥效果。这是因为纠正会让孩子对比两个意思相近的词,比如:孩子说:"The doggie **EATED** it all"(小狗把它都吃了)。她马上就会听见妈妈说:"Oh, he **ATE** it all, did he?"(哦,他把它都吃了,是不是?)①很明显,由于两个单词的含义相同,两者之间的比较冲突不可避免。

如果两个单词都可以使用,必然违反对比原则,孩子就会质疑"eated"的正确性。在家长不断的纠正下,错误表达法最终败下阵来,并从孩子的语言中消失了。

7. 结束语

最后,让我们总结一下整本书讲了哪些内容?最主要的是我们总结出了一些语言学习必备的能力。

首先,我们讨论了孩子最初能够从不同的声音中辨别出说话声音的能力。而且,当孩子1岁大时,他/她就能够清晰地发出相同的语言,并将语言整合在一起组成词组和句子。

关于词汇,我们意识到孩子最先发展的是从语句中找出关键词的能力。正如我们讨论过的,这种能力包括配对和聚焦。但不

---

① "eat 吃"的过去式为"ate"。孩子在此处使用了错误的过去式表达法"eated",而妈妈马上进行纠正"ate"。

要忘记这些仅仅是比较基本的能力。如果孩子不具备定位重音的能力、忽略连接词与词之间的辅音音素,那么聚焦就毫无意义。

"快速定位"对于掌握语言词义十分重要,它是指根据单词的使用方式学习其含义。这种能力也包含着其他能力。如果孩子没有注意到大人说话的方式、没有留意说话人所关注的事物、没有使用语言线索进行判断(比如 a zav 指某样东西而 Zav 就指某个人),那么孩子也不会掌握"快速定位"方法。

关于学习句子,孩子需要掌握特定句式的能力(主语—动词—宾语结构、被动式、否定式、关系从句)。要观察如何组成句子并掌握如何使用句子。

把所有技能整合在一起就是学习语言的能力——对语言规则进行归纳,努力从一开始就使用正确的表达方式,同时,遇到错误时进行更正。

生命中有些事物,在被分析检验之后会失去其以往的神秘与魅力,但语言却截然相反。两千多年来,人们一直不断的研究、分析、探寻语言的奥秘,但对于如何掌握语言我们仍知之甚少。这是因为,每年世界上千百万的孩子都在轻松、快速地学习语言,不断地制造本书一直探讨的难题:他们如何学习语言?

关于这个问题,至少目前还没有一个完整的答案。或许思考这些问题与回答他们同样有趣。而且,与其他科学家所关注的难题不同的是,这道难题对我们来说至关重要。

附录 1
坚持写日记和录音的研究方法

写日记是研究语言习得最为简单和自然的研究方法。采用这种方法进行研究仅仅需要一个笔记本、一支铅笔和一点好奇心。孩子 10 个月左右就会发出第一个语音,这时就是开始这项研究的最佳时期。

日记主要记录孩子最初发出的词语、发出这些词语时的情景、日期以及词语的读音和含义。当然,记录的内容在某种程度上取决于家长对哪些方面比较关注。如果家长很关注孩子的读音是如何形成的(第六章),他/她就会描述孩子发出了什么声音。下面是我记录女儿读音的一些例子:

日期(19XX)	孩子的发音	成人的发音
9 月 24 日	wa	water 水
10 月 16 日	poppy	pumpkin 南瓜

(续表)

日期(19XX)	孩子的发音	成人的发音
10月17日	up	up 向上
11月11日	buh	bug 小虫
	Pah	porridge 粥
11月14日	doa	door 门
11月20日	peaze	please 请
12月10日	bayuh	bear 熊
12月18日	toe	toad 癞蛤蟆

请注意,孩子所发出的读音都要被描述出来,并且在旁边搭配与其相对应的正确词汇,以便提醒我女儿当时想说什么。

如果家长更加关注孩子的语义能力如何提高,他/她就要关注孩子如何使用自己的语言来描述物品和行为。例如,当孩子说"狗",家长要注意分析这"狗"是指自己家里的宠物,还是路边的小狗。而且,家长还要继续关注孩子在指代其他动物时是否也会说"狗"(概念过分扩张)。下面有两个例子:

日期(19XX)	孩子的话	成人的话	评述
6月9日	krakuh	cracker 饼干	孩子多次使用这个词来指代日本饼干,用了几天之后又开始指代全麦饼干。
6月24日	G	MG	孩子几次使用这个词来指代爸爸衬衫上的 MG 标志。6月24日看到 MG 跑车时又使用了这个词。

在孩子最初开始说话的几个月里,家长有可能记录他/她发出的每一个音,或者至少每一新的读音。但是,等到孩子能够使用多

个单词组成句子时,我们的记录就无法跟上他们了。

在第一章里我们提到过,在孩子最初学习语言时,日记大多用于记录那些关键性进步(比如第一次将助动词位于句首形成疑问句)或者不正常的说法(主语前加否定词)。当你通读此书时,你就会发现,孩子语言学习过程中有许多有趣的问题值得我们去观察、去解析。

当孩子达到两词发音或多词发音阶段,研究者更多地采用类似录音或录像等自然研究方法。最理想的状态时每两周能够进行半小时或一小时的录制,当然,不那么频繁的录制也会提供有效的数据信息。如果家长能够坚持从孩子1岁半起开始录音,两年之后他们所获得的将是无比珍贵的孩子语言能力成长记录。

在第一章中我们曾经列举过,通过录像方法记录孩子语言的各种优势。但如果您觉得这种方法并不实用也没有关系。老式的录音方法也被许多知名的语言认知专家广泛应用。因此,使用录音的方法也能够收到满意的效果。

孩子开始滔滔不绝地讲话就是进行录音的最佳时期,比如家长和孩子一起玩玩具、看图画书时,都可以进行录音。

录音方法实施起来十分简单,但将录制的内容转变成文字就很困难(语言学家称这种行为为"转译",也就是将录音中的语言转为文字)。这项工作十分耗费时间,即使是专业的语言学家,如果要转译区区1小时的录音内容,也要耗费5个小时甚至更长的时间。而且如果孩子还很小或者有几个孩子需要同时照顾,录音结束后家长无法马上进行转译。但我希望如果家长对孩子进行了语音录制,那么在闲暇时一定要对录音内容进行分析。

录音结束后家长应该立即将磁带做好标记,记下录制的时间、地点、所录制的人物、孩子所玩的文具或所读的书以及家长和孩子之间的交流。这是因为,几周或几个月后,当家长再次听录音时,就会惊奇地发现,很难辨别出录音中的说话内容。因此,这些标记能辅助家长理解录音内容方面(与录像方法相比,这一点在录音方法中特别突出)。

录制孩子语言的几点提示

- 确保录音机麦克风的摆放位置适当,可以清晰地录制孩子及其他对话者的语言。如果条件允许,最好使用外置地麦克风,将其摆放在最合适的语音采集位置,而不是使用录音机内置的麦克风;
- 当处在熟悉的环境中(比如在家里)与熟知的人进行交流时(比如家庭其他成员),孩子比较容易轻松自在地讲话;
- 不要限制录音的模式和内容。孩子在吃饭时、做游戏时、与兄弟姐妹父母交流时所说的内容都不同;
- 注意录音时的背景音。电台或电视节目的声音、水池中流水的声音、洗碗机、洗衣机发出的声音或者生日聚会上孩子们喧闹的声音,都会影响录音的效果;
- 不要忘记标注对话录制时的场景及活动,在磁带上记录录制的时间及日期;
- 录音结束后尽量及时对录制内容进行转译;
- 反复聆听不太清楚的部分会有助于理解对话内容。

家长的兴趣和投入的时间也会影响录音转译的细节内容。有些细节包括孩子的语音、词汇和句子的结构。其他方面与搜集说

话内容相差无几。

下面是一段最原始的、毫无修改的转译,这是哈佛大学的学者们针对一个名叫亚当男孩的研究,录音时亚当1岁1个月(%表示研究者解释录音时的情况)。

> 亚当:听。
> 妈妈:听什么?
> %:小物体掉在地板上。
> 亚当:脏盘子。
> 亚当:扔牛仔靴。
> 亚当:我扔牛仔靴。
> 亚当:我扔牛仔靴。
> 妈妈:去把他们捡起来。
> 亚当:把他们捡起来。
> 亚当:你,妈妈。
> 亚当:牛仔扔靴子。
> 妈妈:好吧,把他们捡起来。
> 妈妈:我们把靴子捡起来。
> 亚当:不,不。
> 亚当:这儿,妈妈。
> 亚当:冰欺凌蛋卷。
> 亚当:冰欺凌蛋卷。
> 妈妈:亚当,别把他们放在地板上。

> 亚当：小狗。
>
> 妈妈：哦，这是给小狗的吗？
>
> 亚当：就像牛仔一样。
>
> 亚当：嗯。
>
> 亚当：另一只捡起来。
>
> 妈妈：不，把小狗捡起来。
>
> 妈妈：他做完了。

或许读者根本无法理解上面转译文的含义，家长同样也无法转译磁带中的每个字。即使对于极富有经验的研究者来说，背景噪音、录音的质量以及不清楚的发音都会影响转译的质量。例如下面的一段转译文，哈佛大学的学者无法辨别亚当所说的内容，便用"XXX"和"?"进行标注。转译文中的鄂舒拉·贝鲁奇（Ursula Bellugi）是哈佛大学研究小组的成员，后来成为世界知名的语言学家。

> 贝鲁奇：你有吗？
>
> 亚当：不 XXX 有。
>
> 亚当：我没？有。
>
> 亚当：你？有。
>
> 亚当：染色？桶？染色？桶？染色？桶？牛仔染色？桶？
>
> 贝鲁奇：睡袋？
>
> 亚当：不，染色桶。

如何计算 MLU(有效话语)

第四章中我们曾经讨论过,计算孩子有效话语数量,可以粗略地掌握他们语法能力的进展程度。这种计算的第一步就是要统计孩子话语中带有含义的语言成分(或词素)。有些基本规则可以参考:

- 不要尝试分析无法理解的句子;
- 如果话语中出现口吃现象,将重复的词语统计为一个单位;
- 口头语 um 或 oh 忽略不计,但 no(不)、yeah(是)以及 hi(嗨)要计算在内;
- 复合词(如 birthday 生日、pocketbook 口袋书)、名字(如 Mary 玛丽、Jane 简)、重复词(如 night-night 夜夜)算作一个单位;
- 儿化语(doggie 狗狗、mommy 妈咪)算作一个单位;
- 连读词如 gonna(going to 去哪儿了)、hafta(have to 不得不)、wanna(want to 想要)算作一个单位;
- 不规则的动词过去式(如 got 得到、did 做了、went 去了,等等)算作一个单位。

根据这些规则,我们来试着分析亚当所说的 4 句话。我将每个有含义语素用逗点标注出来。

> Play checkers. 玩跳棋(复数)
>
> Big drum 大鼓

附录1
坚持写日记和录音的研究方法

> I got horn 我拿到喇叭了。其中 got(得到)为 get 不规则动词变化,算做一个有效词素
>
> A bunny-rabbit walk 一只芭比兔走过去。其中芭比兔为复合名词,算做一个有效词素。

如此计算,4 句话中共有 11 个有效词素,那么亚当话语中有效词素的比例为 2.75(11/4)。

当然,真正计算孩子话语中有效词素的语句很多,通常在 100 句以上。如果家长刚好有孩子所说话语的转译文,可以尝试着计算每句话的有效词素。一段时间后,你会惊喜地发现孩子话语中有效词素的数量飞速增长,标志着孩子语言能力的快速提高。

203

附录 2
英 语 发 音

所有的语言发音都离不开舌与唇位置的变化,以及对喉部(声带)运动的控制。下面为人体声道的侧面图,标有关键的发声部位。

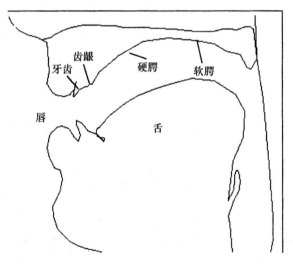

下表中标注了北美英语中元音和辅音的发音特点,包括发音时所涉及的不同发声部位。同时还使用了一些具有代表性的词汇来举例说明发音特点。

辅音

(带有星号的辅音为浊辅音,需要声带震动发音)

音标	例子	发音部位
[p]	pie 馅饼, hop 单脚跳	双唇
[b]*	bat 蝙蝠, mob 一群	双唇
[m]*	my 我的, him 他 宾格	双唇
[f]	fee 费用, off 离开	下唇,上齿
[v]*	vice 副的, of... 的	下唇,上齿
[θ]	thing 事物, bath 洗澡	舌尖位于双齿之间或上门牙后
[ð]*	this 这个, bathe 沐浴	舌尖位于双齿之间或上门牙后
[t]	tie 领带, eat 吃	舌尖顶住上齿龈
[d]*	die 死, bid 命令	舌尖顶住上齿龈
[n]*	no 不, on... 上	舌尖顶住上齿龈
[s]	sun 太阳, pass 通过	舌前端轻触上齿龈
[z]*	zip 拉链, haze 薄雾	舌前端轻触上齿龈
[r]*	rip 撕开, car 车	轻轻将舌尖收回至上齿龈(但不接触)
[l]*	lip 嘴唇, call 打电话	舌尖顶住上齿龈
[ʃ]or[š]	shy 害羞, ash 灰尘	舌前端轻触上齿龈后方(硬腭之前)
[ʒ]or[ž]*	measure 手段	舌前端轻触上齿龈后方(硬腭之前)
[č]or[tʃ]	chip 便宜, rich 富有	舌前端顶住上齿龈后方(硬腭之前)
[ĵ]or[dʒ]*	Joe 乔, age 年龄	舌前端顶住上齿龈后方(硬腭之前)
[k]	kite 风筝, back 后面	舌后端顶住软腭
[g]*	go 走, big 大的	舌后端顶住软腭
[ŋ]*	sing 唱歌	舌后端顶住软腭

(续表)

音标	例子	发音部位
[h]	hot 热的	声带处发音(肺部气流使声带轻轻震动发音)
[w]*	wet 湿的	双唇呈圆形,抬高舌后端
[y]或[j]*	yes 是	抬高舌部,位于硬腭前部

元音音素

音素	例子	舌的部位
[i]	he 他 主格, cream 奶油, teen 悲伤	高,靠前
[I]	hit 打, been be 的过去分词	高,靠前
[e]	they 他们, clay 泥土, stain 污点, sane 健全的	中,靠前
[ɛ]	led 带领(lead 过去式), head 头, says 说(say 第三人称单数), said 说(say 过去式)	中,靠前
[æ]	pat 轻拍, laugh 大笑	低,靠前
[u]	to 向(介词), two 两个, too 也, Sue 苏(人名)	高,靠后
[U]	put 放, would 将要(will 过去式), stood 站(stand 过去式)	高,靠后
[o]	so 那么(连词), coat 衣服, though 然而	中,靠后
[ɔ]†	caught 抓住(catch 过去式), bought 买(buy 过去式)	中,靠后
[ɑ]	cot 帆布床, caught 抓住(catch 过去式), father 父亲	低,靠后
[ʌ]	shut 关上, rough 粗糙的, was 是(be 过去式), blood 血	中,居中
[ə]	sofa 沙发, witches 女巫(witch 复数), hunted 打猎(hunt 过去式)	中,居中

†没有在北美英语中发现其他读法。此表为美式标音法。

参考文献

Akhtar, Nameera. 1997. Characterizing English-speaking children's understanding of SVO word order. Paper presented at the Child Language Research Forum, Stanford University.
  2002. Relevance and early word learning. *Journal of Child Language* 29, 677–86.
Akhtar, N. and M. Tomasello. 1997. Young children's productivity with word order and verb morphology. *Developmental Psychology* 33, 952–66.
Albright, Adam. 2002. Islands of reliability for regular morphology: Evidence from Italian. *Language* 78, 684–709.
Allen, Joe. 1995. "Tense" doubling in early grammars. *Proceedings of the 19th Annual Boston University Conference on Language Development*, 48–59.
Anglin, Jeremy. 1993. Vocabulary development: A morphological analysis. *Monographs of the Society for Research in Child Development*. Serial No. 238, Vol. 58, No. 10.
Astington, Janet. 1988. Children's understanding of the speech act of promising. *Journal of Child Language* 15, 157–73.
Balaban, M. and S. Waxman. 1996. Words may facilitate categorization in 9-month-old infants. *Journal of Experimental Child Psychology* 64,

3–26.
Baldie, Brian. 1976. The acquisition of the passive voice. *Journal of Child Language* 3, 331–48.
Barton, D. 1976a. The role of perception on the acquisition of phonology. Doctoral dissertation, University of London.
  1976b. Phonemic discrimination and the knowledge of words in children under three years of age. *Papers and Reports on Child Language Development* 11, 61–68.
Barton, M. and M. Tomasello. 1994. The rest of the family: The role of fathers and siblings in early language development. In C. Gallaway and B. Richards (eds.), *Input and interaction in language acquisition.* New York: Cambridge University Press, 109–34.
Bates, Elizabeth and Brian MacWhinney. 1979. The functionalist approach to the acquisition of grammar. In E. Ochs and B. Schieffelin (eds.), *Developmental Pragmatics.* New York: Academic Press, 167–211.
Bates, Elizabeth and Brian MacWhinney. 1988. What is functionalism? *Papers and Reports on Child Language Development* 27, 137–53.
Beals, Diane. 1997. Sources of support for learning words in conversation: Evidence from mealtimes. *Journal of Child Language* 24, 673–94.
Behrend, D., L. Harris, and K. Cartwright. 1995. Morphological cues to verb meaning: Verb inflections and the initial mapping of verb meanings. *Journal of Child Language* 22, 89–106.
Berko, Jean. 1958. The child's learning of English morphology. *Word* 14, 150–77.
Berko, Jean and Roger Brown. 1960. Psycholinguistic research methods. In P. Mussen (ed.), *Handbook of research methods in child development.* New York: Wiley, 517–57.
Berwick, Robert. 1985. *The acquisition of syntactic knowledge.* Cambridge, MA: MIT Press.
Bever, Thomas. 1970. The cognitive basis for linguistic structures. In J. R. Hayes (ed.), *Cognition and the development of language.* New York: Wiley, 274–353.
Bickerton, Derek. 1999. Creole languages, the Language Bioprogram Hypothesis, and language acquisition. In W. Ritchie and T. Bhatia (eds.), *Handbook of child language acquisition.* San Diego: Academic, 195–220.
Bissex, Glenda. 1980. *GNYS AT WRK: A child learns to write and read.* Cambridge, MA: Harvard University Press.
Bloom, Lois. 1970. *Language development: Form and function in emerging*

grammars. Cambridge, MA: MIT Press.

Bloom, Lois, K. Lifter, and J. Hafitz. 1980. Semantics of verbs and the development of verb inflection in child language. *Language* 56, 386–412.

Bloom, Lois, Lois Hood, and Patsy Lightbown. 1974. Imitation in language development: If, when, and why. *Cognitive Psychology* 6, 380–420.

Bloom, Lois, Margaret Lahey, Lois Hood, Karin Lifter, and Kathleen Fiess. 1980. Complex sentences: Acquisition of syntactic connectives and the semantic relations they encode. *Journal of Child Language* 7, 235–61.

Bloom, Lois, Susan Merkin, and Janet Wootten. 1982. *Wh*-questions: Linguistic factors that contribute to the sequence of acquisition. *Child Development* 53, 1084–92.

Bloom, Paul. 1990. Subjectless sentences in child language. *Linguistic Inquiry* 21, 491–504.

2002. *How children learn the meanings of words.* Cambridge, MA: MIT Press.

Bloom, Paul, Andrew Barss, Janet Nicol, and Laura Conway. 1994. Children's knowledge of binding and coreference: Evidence from spontaneous speech. *Language* 70, 53–71.

Bloom, Paul and Deborah Kelemen. 1995. Syntactic cues in the acquisition of collective nouns. *Cognition* 56, 1–30.

Bloom, Paul, Deborah Kelemen, Amy Fountain, and Ellen Courtney. 1995. The acquisition of collective nouns. *Proceedings of the Boston University Conference on Child Language* 19, 107–17.

Bloom, Paul and Lori Markson. 1998. Capacities underlying word learning. *Trends in Cognitive Sciences* 2, 67 73.

Bornstein, Marc. 1985a. Colour-name versus shape-name learning in young children. *Journal of Child Language* 12, 387–93.

1985b. On the development of color naming in young children: Data and theory. *Brain and Language* 6, 72–93.

Bowerman, Melissa. 1982. Reorganizational processses in lexical and syntactic development. In E. Wanner and L. Gleitman (eds.), *Language acquisition: The state of the art.* Cambridge, UK: Cambridge University Press, 319–46.

1996. Argument structure and learnability: Is a solution in sight? *Proceedings of the Berkeley Linguistic Society* 22, 454–68.

Braine, Martin. 1963. The ontogeny of English phrase structure: The first phase. *Language* 39, 1–13.

1971. The acquisition of language in infant and child. In C. E. Reed (ed.), *The learning of language.* New York: Appleton-Century-Crofts,

7–95.
Braisby, Nick and Julie Dockrell. 1999. Why is color naming difficult? *Journal of Child Language* 26, 23–47.
Brown, Roger. 1973. *A first language: The early stages.* Cambridge, MA: Harvard University Press.
Brown, Roger and Camille Hanlon. 1970. Derivational complexity and order of acquisition in child speech. In J. R. Hayes (ed.), *Cognition and the development of language.* New York: Wiley, 11–53.
Budwig, Nancy. 1989. The linguistic marking of agentivity and control in child language. *Journal of Child Language* 16, 263–84.
　　1990. The linguistic marking of non-prototypical agency: An exploration into children's uses of passives. *Linguistics* 28(6), 1221–52.
Bybee, Joan and Dan Slobin. 1982. Rules and schemas in the development and use of the English past tense. *Language* 58, 265–89.
Carey, Susan. 1977. The child as a word learner. In M. Halle, J. Bresnan, and G. Miller (eds.), *Linguistic theory and psychological reality.* Cambridge, MA: MIT Press, 264–93.
Cazden, Courtney. 1972. *Child language and education.* New York: Holt, Rinehart & Winston.
Chiat, Shulamuth. 1982. If I were you and you were me: The analysis of pronouns in a pronoun-reversing child. *Journal of Child Language* 9, 359–79.
Chien, Yu-Chin and Kenneth Wexler. 1990. Children's knowledge of locality conditions in binding as evidence for the modularity of syntax and pragmatics. *Language Acquisition* 1, 225–95.
Chomsky, Carol. 1969. *The acquisition of syntax in children from 5 to 10.* Cambridge, MA: MIT Press.
Chomsky, Noam. 1995. *The minimalist program.* Cambridge, MA: MIT Press.
Clark, Eve. 1973. What's in a word? On the child's acquisition of semantics in his first language. In T. Moore (ed.), *Cognitive development and the acquisition of language.* New York: Academic, 65–110.
　　1987a. The Principle of Contrast: A constraint on language acquisition. In B. MacWhinney (ed.), *Mechanisms of language acquisition.* Hillsdale, NJ: Erlbaum, 1–34.
　　1987b. The young word maker: A case study of innovation in the child's lexicon. In E. Wanner and L. Gleitman (eds.), *Language acquisition: The state of the art.* Cambridge, UK: Cambridge University Press, 390–425.
　　1993. *The lexicon in acquisition.* New York: Cambridge University Press.
　　1996. Early verbs, event types, and inflections. In C. Johnson and J.

参考文献

Gilbert (eds.), *Children's language*, Vol. IX. Mahwah, NJ: Erlbaum, 61–73.
Clark, Eve, Susan Gelman, and Nancy Lane. 1985. Compound nouns and category structure in young children. *Child Development* 56, 84–94.
Clark, Eve and Barbara Hecht. 1982. Learning to coin agent and instrument nouns. *Cognition* 12, 1–24.
Clark, Eve, Barbara Hecht, and Randa Mulford. 1986. Acquiring complex compounds: Affixes and word order in English. *Linguistics* 24, 7–29.
Clark, Herbert and Eve Clark. 1977. *Psychology and language: An introduction to psycholinguistics*. New York: Harcourt Brace Jovanovich.
Clark, Ruth. 1974. Performing without competence. *Journal of Child Language* 1, 1–10.
Crago, Martha, Shanley Allen, and Wendy Hough-Eyamie. 1997. Exploring innateness through cultural and linguistic variation. In M. Gopnik (ed.), *The inheritance and innateness of grammars*. New York: Oxford University Press, 111–40.
Crain, S., C. McKee, and M. Emiliani. 1990. Visiting relatives in Italy. In J. de Villiers and L. Frazier (eds.), *Language processing and language acquisition*. Boston: Reidel, 335–56.
Crain, Stephen and Rosalind Thornton. 1998. *Investigations in Universal Grammar*. Cambridge, MA: MIT Press.
Crain, Stephen, Rosalind Thornton, Carole Boster, Laura Conway, Diane Lillo-Martin, and Elaine Woodams. 1996. Quantification without qualification. *Language Acquisition* 5, 83–153.
Dale, Philip and Catherine Crain-Thoreson. 1993. Pronoun reversals: Who, when, and why? *Journal of Child Language* 20, 573–89.
de Boysson-Bardies, Bénédicte and Marilyn Vihman. 1991. Adaptation to language: Evidence from babbling and first words in four languages. *Language* 67, 297–319.
de Boysson-Bardies, Bénédicte, Laurent Sagart, and Catherine Durand. 1984. Discernable differences in the babbling of infants according to target language. *Journal of Child Language* 11, 1–16.
de Villiers, Jill and Peter de Villiers. 1973. Development of the use of word order in comprehension. *Journal of Psycholinguistic Research* 2, 331–41.
DeCasper, A. J. and W. P. Fifer. 1980. On human bonding: Newborns prefer their mothers' voices. *Science* 208, 1174–76.
DeCasper, A. J. and M. J. Spence. 1986. Prenatal maternal speech influences newborns' perception of speech sounds. *Infant Behavior*

and Development 9, 133–50.
DeCasper, Anthony, Jean-Pierre LeCanuet, Marie-Claire Busnel, Carolyn Granier-Deferre, and Roselyne Maugeais. 1994. Fetal reactions to recurrent maternal speech. *Infant Behaviour and Development* 17, 159–64.
Demetras, M. J., Kathryn Post, and Catherine Snow. 1986. Feedback to first language learners: The role of repetitions and clarification questions. *Journal of Child Language* 13, 275–92.
Demuth, Katherine. 1996a. Collecting spontaneous production data. In D. McDaniel, C. McKee, and H. Cairns (eds.), *Methods for assessing children's syntax*. Cambridge, MA: MIT Press, 3–22.
  1996b. The prosodic structure of early words. In J. Morgan and K. Demuth (eds.), *Signal to syntax*. Mahwah, NJ: Erlbaum, 171–84.
Déprez, Viviane and Amy Pierce. 1993. Negation and functional projections in early grammar. *Linguistic Inquiry* 24, 25–67.
Dickinson, D. K. 1988. Learning names for materials: Factors limiting and constraining hypotheses about word meaning. *Cognitive Development* 3, 15–35.
Diesendruck, Gil, Lori Markson, and Paul Bloom. 2003. Children's reliance on creator's intent in extending names for artifacts. *Psychological Science* 14, 164–68.
Diesendruck, Gil and Marilyn Shatz. 1997. The effect of perceptual similarity and linguistic input on children's acquisition of object labels. *Journal of Child Language* 24, 695–717.
Dodd, Barbara. 1975. Children's understanding of their own phonological forms, *Quarterly Journal of Experimental Psychology* 27, 165–72.
  1979. Lip reading in infants: Attention to speech presented in and out of synchrony. *Cognitive Psychology* 11, 17–27.
Drozd, Kenneth. 1995. Child English pre-sentential negation as metalinguistic exclamatory negation. *Journal of Child Language* 22, 583–610.
Dunn, Judy and Carol Kendrick. 1982. The speech of two- and three-year-olds to infant siblings: "Baby talk" and the context of communication. *Journal of Child Language* 9, 579–95.
Ebeling, K. and S. Gelman. 1994. Children's use of context in interpreting *big* and *little*. *Child Development* 65, 1178–92.
Echols, Catharine. 1996. A role for stress in early speech segmentation. In J. Morgan and K. Demuth (eds.), *Signal to syntax*. Mahwah, NJ: Erlbaum, 151–70.
Eilers, R. and D. K. Oller. 1976. The role of speech discrimination in developmental sound distributions. *Journal of Child Language* 3,

319-29.

Eimas, Peter. 1975. Speech perception in early infancy. In L. Cohen and P. Salapatek (eds.), *Infant perception: From sensation to cognition*. Vol. II: *Perception of space, speech, and sound*, 193-231. New York: Academic Press.

——1996. The perception and representation of speech by infants. In J. Morgan and K. Demuth (eds.), *Signal to syntax*. Mahwah, NJ: Erlbaum, 25-39.

Elman, Jaffrey, Elizabeth Bates, Mark Johnson, Annette Karmiloff-Smith, Domenico Pavisi, and Kim Plunkett. 1977. *Rethinking innateness: A connectionist perspective on development*. Cambridge, MA: MIT Press.

Fernald, Ann. 1992. Human maternal vocalisations to infants as biologically relevant signals: An evolutionary perspective. In J. H. Barkow, L. Cosmides, and J. Tooby (eds.), *The adapted mind: Evolutionary psychology and the generation of culture*. Oxford: Oxford University Press, 391-428.

Fernald, Ann and Claudia Mazzie. 1991. Prosody and focus in speech to infants and adults. *Developmental Psychology* 27, 209-21.

Fernald, Ann and Gerald McRoberts. 1996. Prosodic bootstrapping: A critical analysis of the argument and the evidence. In J. Morgan and K. Demuth (eds.), *Signal to syntax*. Mahwah, NJ: Erlbaum, 365-88.

French, Ann. 1989. The systematic acquisition of word forms by a child during the first fifty-word stage. *Journal of Child Language* 16, 69-90.

Garman, Michael. 1979. Early grammatical development. In P. Fletcher and M. Garman (eds.), *Language acquisition: Studies in first language development*. New York: Cambridge University Press, 177-208.

Gathercole, V. 1982. Decrements in children's responses to "big" and "tall": A reconsideration of the potential cognitive and semantic causes. *Journal of Experimental Child Psychology* 34, 156-73.

Gelman, S. and M. Taylor. 1984. How two-year-old children interpret proper and common names for unfamiliar objects. *Child Development* 55, 1535-40.

Gentner, Dedre. 1982. Why nouns are learned before verbs: Linguistic relativity vs. natural partitioning. In S. Kuczaj (ed.), *Language development*. Vol. II: *Language, cognition and culture*. Hillsdale, NJ: Erlbaum, 301-34.

Gerken, LouAnn. 2002. Early sensitivity to linguistic form. *Annual Review of Language Acquisition* 2, 1-36.

Gerken, LouAnn. and B. J. McIntosh. 1993. The interplay of function morphemes and prosody in early language. *Developmental Psychology* 29, 448–57.

Gleitman, Lila. 1990. The structural sources of verb meanings. *Language Acquisition* 1, 3–55.

Gleitman, Lila and Eric Wanner. 1982. Language acquisition: The state of the state of the art. In E. Wanner and L. Gleitman (eds.), *Language acquisition: The state of the art*. New York: Cambridge University Press, 3–48.

Goldfield, Beverly. 2000. Nouns before verbs in comprehension versus production: The view from pragmatics. *Journal of Child Language* 7, 501–20.

Goldfield, Beverly and J. Steven Reznick. 1990. Early lexical acquisition: Rate, content, and the vocabulary spurt. *Journal of Child Language* 17, 171–84.

Goldfield, Beverly and Catherine Snow. 1993. Individual differences in language acquisition. In Jean Berko (ed.), *The development of language*. 3rd edn. New York: Macmillan, 299–324.

Goldman, Herbert. 2001. Parental reports of "MAMA" sounds in infants: An exploratory study. *Journal of Child Language* 28, 497–506.

Gopnik, Myrna. 1990. Feature-blind grammar and dysphasia. *Nature* 344, p. 715.

Gopnik, Myrna and Martha Crago. 1991. Familial aggregation of a developmental language disorder. *Cognition* 39, 1–50.

Gordon, Peter. 1985. Level ordering in lexical development. *Cognition* 21, 73–93.

Gordon, Peter and Jill Chafetz. 1990. Verb-based versus class-based accounts of actionality effects in children's comprehension of passives. *Cognition* 36, 227–54.

Greene, Amsel. 1969. *Pullet surprises*. Glenview, IL: Scott, Foresman & Co.

Greenfield, Patricia, Judy Reilly, Campbell Leaper, and Nancy Baker. 1985. The structural and functional status of single-word utterances and their relationship to early multi-word speech. In M. Barrett (ed.), *Children's single-word speech*. New York: Wiley, 233–67.

Greenfield, Patricia and Joshua Smith. 1976. *The structure of communication in early language development*. New York: Academic Press.

Gropen, Jess, Steven Pinker, Michelle Hollander, and Richard Goldberg. 1991. Syntax and semantics in the acquisition of locative verbs. *Journal of Child Language* 18, 115–51.

Guasti, Maria. 2002. *Language acquisition: The growth of grammar*.

Cambridge, MA: MIT Press.
Hall, D. Geoffrey, Tracey Burns, and Jodi Pawluski. 2003. Input and word learning: Caregivers' sensitivity to lexical category distinctions. *Journal of Child Language* 30, 711–29.
Harris, P. and J. Morris. 1986. The early acquisition of spatial adjectives: A cross-linguistic study. *Journal of Child Language* 13, 335–52.
Hart, Betty and Todd Risley. 1995. *Meaningful differences in the everyday experience of young children*. Baltimore: Paul H. Brookes.
Hauser, Marc, Noam Chomsky, and W. Tecumseh Fitch. 2002. The faculty of language: What is it, who has it, and how did it evolve? *Science* 298, 1569–79.
Heath, Shirley Brice. 1983. *Ways with words: Language, life and work in communities and classrooms*. New York: Cambridge University Press.
Heibeck, T. and E. Markman. 1987. Word learning in children: An examination of fast mapping. *Child Development* 58, 1021–34.
Hill, R., G. Collis and V. Lewis. 1997. Young children's understanding of the cognitive verb *forget*. *Journal of Child Language* 24, 57–79.
Hirsh-Pasek, Kathryn and Roberta Golinkoff. 1991. Language comprehension: A new look at old themes. In N. Krasnegor, D. Rumbaugh, R. Schiefelbusch, and M. Studdert-Kennedy (eds.), *Biological and behavioral determinants of language development*. Hillsdale, NJ: Erlbaum, 301–20.
1996. *The origins of grammar: Evidence from early language comprehension*. Cambridge, MA: MIT Press.
Hirsh-Pasek, Kathryn, Rebecca Treiman, and Maita Schneiderman. 1984. Brown & Hanlon revisited: Mothers' sensitivity to ungrammatical forms. *Journal of Child Language* 11, 81–89.
Hirsh-Pasek, Kathryn, Michael Tucker, and Roberta Golinkoff. 1996. Dynamic systems theory: Reinterpreting "prosodic bootstrapping" and its role in language acquisition. In J. Morgan and K. Demuth (eds.), *Signal to syntax*. Mahwah, NJ: Erlbaum, 449–66.
Hoek, D., D. Ingram and D. Gibson. 1986. Some possible causes of children's early word overextensions. *Journal of Child Language* 13, 477–94.
Ingham, Richard. 1992. The optional subject phenomenon in young children's English: A case study. *Journal of Child Language* 19, 133–51.
Ingram, David. 1976. *Phonological disability in children*. London: Edward Arnold.
1989. *First language acquisition: Method, description and explanation*. New

York: Cambridge University Press.
Johnson, E. G. 1977. The development of color knowledge in children. *Child Development* 48, 308–11.
Johnston, Judith and Dan Slobin. 1979. The development of locative expressions in English, Italian, Serbo-Croatian and Turkish. *Journal of Child Language* 6, 529–45.
Jusczyk, P., A. Cutler, and N. Redanz. 1993. Infants' preference for the predominant stress pattern of English words. *Child Development* 64, 675–87.
Jusczyk, Peter and Carolyn Derrah. 1987. Representation of speech sounds by young infants. *Developmental Psychology* 23, 648–54.
Jusczyk, Peter, Derek Houston, and Mary Newsome. 1999. The beginnings of word segmentation in English-learning infants. *Cognitive Psychology* 39, 159–207.
Jusczyk, Peter, Paul Smolensky, and Theresa Allocco. 2002. How English-learning infants respond to markedness and faithfulness constraints. *Language Acquisition* 10, 31–73.
Katz, N, E. Baker, and J. Macnamara 1974. What's in a name: A study of how children learn common and proper names. *Child Development* 45, 469–73.
Kehoe, Margaret and Carol Stoel-Gammon. 1997. The acquisition of prosodic structure: An investigation of current accounts of children's prosodic development. *Language* 73, 113–44.
2001. Development of syllable structure in English-speaking children with particular reference to rhymes. *Journal of Child Language* 28, 393–432.
Kelly, Michael. 1996. The role of phononogy in grammatical category assignments. In J. Morgan and K. Demuth (eds.), *Signal to syntax*. Mahwah, NJ: Erlbaum, 249–62.
Klein, Harriet. 1981. Early perceptual strategies for the replication of consonants from polysyllabic lexical models. *Journal of Speech and Hearing Research* 24, 535–51.
Kuczaj, Stan. 1976. Arguments against Hurford's "Aux Copying Rule." *Journal of Child Language* 3, 423–27.
Kuhl, Patricia and J. D. Miller. 1975. Speech perception by the chinchilla: Voiced–voiceless distinction in alveolar plosive consonants. *Science* 190, 69–72.
Lachter, Joel and Thomas Bever. 1988. The relation between linguistic structure and associative theories of language learning: A constructive critique of some connectionist learning models. *Cognition* 28, 195–247.

Lenneberg, Eric. 1967. *Biological foundations of language*. New York: Wiley.
Leopold, Werner. 1939. *Speech development of a bilingual child: A Linguist's record*. Vol. I. Chicago: Northwestern University Press.
Li, Hsieh, Laurence Leonard, and Lori Swanson. 1999. Some differences between English plural noun inflections and third singular verb inflections in the input: The contributions of frequency, sentence position and duration. *Journal of Child Language* 26, 531–43.
Lieberman, Philip. 1984. *The biology and evolution of language*. Cambridge, MA: Harvard University Press.
Lieven, Elena. 1994. Crosslinguistic and crosscultural aspects of language addressed to children. In C. Gallway and B. Richards (eds.), *Input and interaction in language acquisition*. New York: Cambridge University Press, 56–73.
Limber, John. 1973. The genesis of complex sentences. In. T. Moore (ed.), *Cognitive development and the acquisition of language*. New York: Academic Press, 169–85.
Locke, John. 1983. *Phonological acquisition and change*. New York: Academic Press.
Loveland, Katherine. 1984. Learning about points of view: Spatial perspective and the acquisition of "I/you." *Journal of Child Language* 11, 535–56.
Lust, Barbara. 1981. Constraint on anaphora in child language: A prediction for a universal. In S. Tavakolian (ed.), *Language acquisition and linguistic theory*. Cambridge, MA: MIT Press, 74–96.
Lust, Barbara, Suzanne Flynn, and Claire Foley. 1996. What children know about what they say: Elicited imitation as a research method. In D. McDaniel, C. McKee, and H. Cairns (eds.), *Methods for assessing children's syntax*. Cambridge, MA: MIT Press, 55–76.
Maas, Fay and Leonard Abbeduto. 1998. Young children's understanding of promising: Methodological considerations. *Journal of Child Language* 25, 203–14.
2001. Children's judgments about intentionally and unintentionally broken promises. *Journal of Child Language* 28, 517–29.
Macken, Marlys and David Barton. 1980. The acquisition of the voicing contrast in English: A study of voice onset time in word-initial stop consonants. *Journal of Child Language* 7, 41–74.
Macnamara, John. 1982. *Names for things: A study of human learning*. Cambridge, MA: MIT Press.
Macrae, Alison. 1979. Combining meanings in early language. In P. Fletcher and M. Garmon (eds.), *Language acquisition*. Cambridge, UK: Cambridge University Press, 161–76.

MacWhinney, Brian. 2000. *The CHILDES project: Tools for analyzing talk.* 3rd edn. Mahwah, NJ: Erlbaum.
MacWhinney, Brian and Catherine Snow. 1985. The Child Language Data Exchange System. *Journal of Child Language* 12, 271–95.
Mannle, S. and M. Tomasello. 1987. Fathers, siblings and the bridge hypothesis. In K. Nelson and A. van Kleeck (eds.), *Children's language.* Vol. VI. Hillsdale, NJ: Erlbaum, 23–41.
Maratsos, Michael. 1973. Decrease in the understanding of the word "big" in preschool children. *Child Development* 44, 747–52.
    1974. When is a high thing the big one? *Developmental Psychology* 10, 367–75.
    1983. Some current issues in the study of the acquisition of grammar. In P. Mussen (ed.), *Handbook of child psychology.* Vol. III: *Cognitive development.* New York: John Wiley, 707–86.
    2000. More overregularizations after all: New data and discussion on Marcus, Pinker, Ullman, Hollander, Rosen, and Xu. *Journal of Child Language* 27, 183–212.
Marcus, Gary. 1993. Negative evidence in language acquisition. *Cognition* 46, 53–85.
    1995. Children's overgeneralizations of English plurals: A quantitative analysis. *Journal of Child Language* 22, 447–59.
Marcus, Gary, Michael Ullman, Steven Pinker, Michelle Hollander, T. John Rosen, and Fei Xu. 1992. *Overregularization in language acquisition.* Monographs of the Society for Research in Child Development 57 (serial no. 228).
Marcus, Gary, S. Vijayan, S. Bandi Rao, and P. Vishton. 1999. Rule learning by seven-month-old infants. *Science* 283 (1 January 1999), 77–80.
Markman, Ellen. 1989. *Categorization and naming in children: Problems of induction.* Cambridge, MA: MIT Press.
Markman, Ellen and G. F. Wachtel. 1988. Children's use of mutual exclusivity to constrain the meanings of words. *Cognitive Psychology* 20, 121–57.
Markson, Lori and Paul Bloom. 1997. Evidence against a dedicated system for word learning in children. *Nature* 385, 813–15.
Mattys, Sven, Peter Jusczyk, Paul Luce, and James Morgan. 1999. Word segmentation in infants: How phonotactics and prosody combine. *Cognitive Psychology* 38, 465–94.
McDonough, Laraine. 2002. Basic-level nouns: First learned but misunderstood. *Journal of Child Language* 29, 357–77.
McNeill, David. 1966. Developmental psycholinguistics. In F. Smith and

G. Miller (eds.), *The genesis of language: A psycholinguistic approach.* Cambridge, MA: MIT Press, 15–84.

Mehler, Jacques, Emmanuel Dupoux, Thierry Nazzi, and Ghislaine Dehaene-Lambertz. 1996. Coping with linguistic diversity: The infant's viewpoint. In J. Morgan and K. Demuth (eds.), *Signal to syntax.* Mahwah, NJ: Erlbaum, 101–16.

Mervis, Carolyn and Jacquelyn Bertrand. 1995. Early lexical acquisition and the vocabulary spurt: A response to Goldfield & Reznick. *Journal of Child Language* 22, 461–68.

Miller, Jon and Robin Chapman. 1981. The relation between age and mean length of utterance in morphemes. *Journal of Speech and Hearing Research* 24, 154–61.

Moerk, Ernst. 1991. Positive evidence for negative evidence. *First Language* 11, 219–51.

Moffit, A. 1971. Consonant cue perception by twenty- to twenty-four-week-old infants. *Child Development* 42, 717–31.

Morgan, James, Katherine Bonamo, and Lisa Travis. 1995. Negative evidence on negative evidence. *Developmental Psychology* 31, 180–97.

Morgan, James, Rushen Shi, and Paul Allopenna. 1996. Perceptual bases of rudimentary grammatical categories: Toward a broader conceptualization of bootstrapping. In J. Morgan and K. Demuth (eds.), *Signal to syntax.* Mahwah, NJ: Erlbaum, 263–83.

Naigles, Letitia. 1990. Children use syntax to learn verb meanings. *Journal of Child Language* 17, 357–74.

Naigles, Letitia and Susan Gelman. 1995. Overextensions in comprehension and production revisited: Preferential-looking in a study of *dog, cat* and *cow. Journal of Child Language* 22, 19–46.

Naigles, Letitia and Erika Hoff-Ginsberg. 1998. Why are some verbs learned before other verbs? Effects of input frequency and structure on children's early verb use. *Journal of Child Language* 25, 95–120.

Nakayama, Mineharu. 1987. Performance factors in subject–auxiliary inversion. *Journal of Child Language* 14, 113–26.

Newport, Elissa, Henry Gleitman, and Lila Gleitman. 1977. Mother, I'd rather do it myself: Some effects and non-effects of maternal speech style. In C. Snow and C. Ferguson (eds.), *Talking to children: Language input and acquisition.* Cambridge, UK: Cambridge University Press, 109–49.

Newsome, Mary and Peter Jusczyk. 1995. Do infants use stress as a cue in segmenting fluent speech? In D. MacLaughlin and S. McEwan (eds.), *Proceedings of the 19th Annual Boston University Conference on Language Development.* Vol. II. Somerville, MA: Cascadilla Press,

415–26.
New York Times. 2003. Early voices: The leap to language. July 15.
Ninio, Anat. 1992. The relation of children's single word utterances to single word utterances in the input. *Journal of Child Language* 19, 87–110.
O'Grady, William. 1997. *Syntactic development*. Chicago: University of Chicago Press.
Ochs, Elinor. 1985. Variation and error: A sociolinguistic approach to language acquisition in Samoa. In D. Slobin (ed.), *The crosslinguistic study of language acquistion*. Vol. I: *The data*. Hillsdale, NJ: Erlbaum, 783–838.
Oller, D. K. 1980. The emergence of the sounds of speech in infancy. In G. Yeni-Komshian, J. Kavanaugh, and C. Ferguson (eds.), *Child Phonology*. Vol. I. *Production*. New York: Academic Press, 93–102.
Oshima-Takane, Yuriko, Yoshio Takane and Thomas Shultz. 1999. The learning of first and second person pronouns in English: Network models and analysis. *Journal of Child Language* 26, 545–75.
Owens, Robert Jr. 1984. *Language development. An introduction*. Columbus, OH: Charles E. Merrill.
Peters, Ann. 1977. Language learning strategies. *Language* 53, 560–73.
    1983. *The units of language acquisition*. New York: Cambridge University Press.
    1985. Language segmentation: Operating principles for the perception and analysis of language. In D. Slobin (ed.), *The crosslinguistic study of language acquisition*. Vol. II: *Theoretical issues*. Hillsdale, NJ: Erlbaum, 1029–68.
Peters, Ann and Lise Menn. 1993. False starts and filler syllables: Ways to learn grammatical morphemes. *Language* 69, 742–77.
Peters, Ann and Sven Strömqvist. 1996. The role of prosody in the acquisition of grammatical morphemes. In J. Morgan and K. Demuth (eds.), *Signal to syntax*. Mahwah, NJ: Erlbaum, 215–32.
Peterson, Carole. 1990. The who, when and where of early narratives. *Journal of Child Language* 17, 433–55.
Peterson, Carole and Pamela Dodsworth. 1991. A longitudinal analysis of young children's cohesion and noun specification in narratives. *Journal of Child Language* 18, 397–415.
Philip, Bill. 1991. Spreading in the acquisition of universal quantifiers. *Proceedings of the Tenth West Coast Conference on Formal Linguistics*. Stanford, CSLI, 359–73.
    1996. The event quantificational account of symmetrical

interpretation and a denial of implausible infelicity. *Boston University Conference on Language Development* 20, 564–75.
Piaget, Jean. 1972. *The child's conception of the world*. Totawa, NJ: Littlefield, Adams & Co.
Pinker, Steven. 1984. *Language learnability and language development*. Cambridge, MA: Harvard University Press.
 1989. *Learnability and cognition*. Cambridge, MA: MIT Press.
 1994. *The language instinct*. New York: Morrow & Co.
 1999. *Words and rules*. New York: Basic Books.
Pinker, Steven, David Lebeaux, and Loren Frost. 1987. Productivity and constraints in the acquisition of the passive. *Cognition* 26, 195–267.
Pinker, Steven and Alan Prince. 1988. On language and connectionism: Analysis of a Parallel Distributed Processing model of language acquisition. *Cognition* 28, 73–193.
Pollman, Thijs. 2003. Some principles involved in the acquisition of number words. *Language Acquisition* 11, 1–13.
Post, Kathryn. 1994. Negative evidence in the language learning environment of later-borns in a rural Florida community. In J. Sokolov and C. Snow (eds.), *Handbook of research in language development using CHILDES*. Hillsdale, NJ: Erlbaum, 132–73.
Pullum, Geoffrey and Barbara Scholz. 2002. Empirical assessment of stimulus poverty arguments. *Linguistic Review* 19, 9–50.
Radford, Andrew. 1990. *Syntactic theory and the acquisition of English syntax*. Cambridge, MA: Blackwell.
Ratner, Nan. 1996. From "signal to syntax": But what is the nature of the signal? In J. Morgan and K. Demuth (eds.), *Signal to syntax*. Mahwah, NJ: Erlbaum, 135–50.
Ravn, Karen and Susan Gelman. 1984. Rule usage in children's understanding of "big" and "little." *Child Development* 55, 2141–50.
Read, Charles. 1975. Children's categorization of speech sounds in English. (Research Report No. 17). Urbana, IL: National Council of Teachers of English.
Rescorla, Leslie. 1980. Overextension in early language development. *Journal of Child Language* 7, 321–35.
Rescorla, Leslie, Jennifer Mirak, and Leher Singh. 2000. Vocabulary growth in late talkers: Lexical development from 2;0 to 3;0. *Journal of Child Language* 27, 293–311.
Ricard, Marcelle, Pascale Girouard, and Thérèse Gouin Décarie. 1999. Personal pronouns and perspective taking in toddlers. *Journal of Child*

Language 26, 681–97.
Rice, Mabel. 1980. *Cognition to language: Categories, word meanings, and training*. Baltimore: University Park Press.
Rispoli, Matthew. 1994. Pronoun case overextensions and paradigm building. *Journal of Child Language* 21, 157–72.
——1998. Patterns of pronoun case error. *Journal of Child Language* 25, 533–54.
Roeper, Thomas and Jill de Villiers. 1991. The emergence of bound variable structures. In T. Maxfield and B. Plunkett (eds.), *Papers on the acquisition of WH*. University of Massachusetts Occasional Papers. Amherst, MA: GLSA Publications, 225–65.
Rosch Heider, Eleanor. 1971. "Focal" color areas and the development of color names. *Developmental Psychology* 4, 447–55.
Rosch, Eleanor, Carolyn Mervis, Wayne Gray, David Johnson, and Penny Boyes-Braem. 1976. Basic objects in natural categories. *Cognitive Psychology* 8, 382–439.
Rosenbaum, Peter. 1967. *The grammar of English predicate complement constructions*. Cambridge, MA: MIT Press.
Saffran, Jenny, Richard Aslin, and Elissa Newport. 1996. Statistical learning by eight-month-old infants. *Science* 274, 1926–28.
Sandhofer, Catherine, Linda Smith and Jun Luo. 2000. Counting nouns and verbs in the input: Differential frequencies, different kinds of learning. *Journal of Child Language* 7, 561–85.
Santelmann, Lynn and Peter Jusczyk. 1998. Sensitivity to discontinuous dependencies in language learners: Evidence for limitations in processing space. *Cognition* 69, 105–34.
Saxton, Matthew. 1997. The Contrast Theory of negative evidence. *Journal of Child Language* 24, 139–61.
——1998. Negative evidence and negative feedback: Immediate effects on the grammaticality of child speech. Unpublished ms., Royal Holloway, University of London.
Saxton, Matthew, Bela Kulscar, Greer Marshall, and Mandeep Rupra. 1998. Longer-term effects of corrective input: An experimental approach. *Journal of Child Language* 25, 701–21.
Schütze, Carson. 1999. Different rates of pronoun case errors: Comments on Rispoli (1998). *Journal of Child Language* 28, 749–55.
Scott, Cheryl. 1984. Adverbial connectivity in conversations of children 6 to 12. *Journal of Child Language* 11, 423–52.
Shady, Michele and LouAnn Gerken. 1999. Grammatical and caregiver cues in early sentence comprehension. *Journal of Child Language* 26,

163–75.
Shady, Michele, LouAnn Gerken, and Peter Jusczyk. 1995. Some evidence of sensitivity to prosody and word order in ten-month-olds. *Proceedings of the 19th Annual Boston University Conference on Language Development*, 553–62.
Shafer, Valerie, David Shucard, Janet Shucard, and LouAnn Gerken. 1998. An electrophysiological study of infants' sensitivity to English function morphemes. *Journal of Speech, Language and Hearing Research* 41, 874–86.
Sharpe, Dean, Isabel Fonte, and Elisabeth Christe. 1998. Big mice, big animals, big problems: The acquisition of adjective interpretation rules. *Proceedings of the 22nd Boston University Conference on Language Development*, 675–83.
Shatz, Marilyn, Douglas Behrend, Susan Gelman, and Karen Ebeling. 1996. Colour term knowledge in two-year-olds: Evidence for early competence. *Journal of Child Language* 23, 177–99.
Slobin, Dan. 1985. Crosslinguistic evidence for the language-making capacity. In D. Slobin (ed.), *The crosslinguistic study of language acquisition*. Vol. II: *Theoretical issues*. Hillsdale, NJ: Erlbaum, 1157–1256.
1997. The origins of grammaticizable notions: Beyond the individual mind. In D. Slobin (ed.), *The crosslinguistic study of language acquisition*. Vol. V: *Expanding the contexts*. Hillsdale, NJ: Erlbaum, 265–323.
Slobin, Dan and Thomas Bever. 1982. Children use canonical sentence schemas: A crosslinguistic study of word order and inflections. *Cognition* 12, 229–65.
Smith, C. L. 1979. Children's understanding of natural language hierarchies. *Journal of Experimental Child Psychology* 27, 437–58.
Smolensky, Paul. 1996. On the comprehension/production dilemma in child language. *Linguistic Inquiry* 27, 720–31.
Snow, Catherine. 1977. Mothers' speech research: From input to interaction. In C. Snow and C. Ferguson (eds.), *Talking to children: Language input and acquisition*. London: Cambridge University Press, 31–49.
Soja, Nancy. 1994. Young children's concept of color and its relation to the acquisition of color words. *Child Development* 65, 918–37.
Sokolov, Jeffrey and Joy Moreton. 1994. Individual differences in linguistic imitativeness. In J. Sokolov and C. Snow (eds.), *Handbook of research in language development using CHILDES*. Hillsdale, NJ: Erlbaum, 174–209.
Stager, Christine and Janet Werker. 1997. Infants listen for more phonetic

detail in speech perception than in word-learning tasks. *Nature* 388, 381–82.

Stoel-Gammon, Carol. 1985. Phonetic inventories, 15–24 months. *Journal of Speech and Hearing Research* 28, 505–12.

Strapp, Chehalis. 1999. Mothers', fathers', and siblings' responses to children's language errors: Comparing sources of negative evidence. *Journal of Child Language* 26, 373–91.

Stromswold, Karin. 1990. Learnability and the acquisition of auxiliaries. Ph.D. dissertation. MIT.

—— 1995. The acquisition of subject and object *wh*-questions. *Language Acquisition* 4, 5–48.

—— 1996. Analyzing children's spontaneous speech. In D. McDaniel, C. McKee, and H. Cairns (eds.), *Methods for assessing children's syntax*. Cambridge, MA: MIT Press, 23–53.

Stromswold, Karin. 2001. The heritability of language: A review and metaanalysis of twin, adoption and linkage studies. *Language* 77, 647–723.

Tamis-Lemonda, Catherine, Marc Bornstein, Ronit Kahana-Kalman, Lisa Baumwell, and Lisa Cyphers. 1998. Predicting variation in the timing of language milestones in the second year: An events history approach. *Journal of Child Language* 25, 675–700.

Thal, Donna and Melanie Flores. 2001. Development of sentence interpretation strategies by typically developing and late-talking toddlers. *Journal of Child Language* 28, 173–93.

Thomson, J. and R. Chapman. 1977. Who is "Daddy" revisited: The status of two-year-olds' over-extended words in use and comprehension. *Journal of Child Language* 4, 359–75.

Thornton, Rosalind. 2002. Let's change the subject: Focus movement in early grammar. *Language Acquisition* 10, 229–71.

Tomasello, Michael. 1987. Learning to use prepositions: A case study. *Journal of Child Language* 14, 79–98.

—— 1992. *First verbs: A case study of early grammatical development*. New York: Cambridge University Press.

—— 2000a. A usage-based approach to child language acquisition. *Berkeley Linguistic Society* 26, 305–19.

—— 2000b. The item-based nature of children's early syntactic development. *Trends in Cognitive Sciences* 4, 156–63.

—— 2000c. The social-pragmatic theory of word learning. *Pragmatics* 10, 401–13.

Tomasello, Michael, N. Akhtar, K. Dodson, and L. Rekau. 1997. Differential productivity in young children's use of nouns and verbs.

Journal of Child Language 24, 373–87.
Tomasello, Michael and R. Olgluin. 1993. Twenty-three-month-old children have a grammatical category of noun. *Cognitive Development* 8, 451–64.
Turner, Elizabeth Ann and Ragnar Rommetveit. 1967. The acquisition of sentence voice and reversibility. *Child Development* 38, 649–60.
Ullman, Michael and Myrna Gopnik. 1999. Inflectional morphology in a family with inherited specific language impairment. *Applied Psycholinguistics* 20, 51–117.
Valian, Virginia. 1989. Children's production of subjects: Competence, performance and the null subject parameter. *Papers and Reports on Child Language Development* 28, 156–63.
——1991. Syntactic subjects in the early speech of American and Italian children. *Cognition* 40, 21–81.
Vargha-Khadem, Faraneh, Kate Watkins, Katie Alcock, Paul Fletcher, and Richard Passingham. 1995. Praxis and non-verbal cognitive deficits in a large family with a genetically transmitted speech and language disorder. *Proceedings of the National Academy of Sciences of the United States of America* 92, 930–33.
Venditti, Jennifer, Sun-Ah Jun, and Mary Bechman. 1996. Prosodic cues to syntactic and other linguistic structures in Japanese, Korean, and English. In J. Morgan and K. Demuth (eds.), *Signal to syntax*. Mahwah, NJ: Erlbaum, 287–311.
Vifman, Marilyn. 1996. *Phonological development: The origins of language in the child*. Cambridge, MA: Blackwell.
Vogel, Irene and Eric Raimy. 2002. The acquisition of compound vs. phrasal stress: The role of prosodic constituents. *Journal of Child Language* 29, 225–50.
Wagner, Laura. 2001. Aspectual influences on early tense comprehension. *Journal of Child Language* 28, 661–81.
Waxman, S. R. and R. Klibanoff. 2000. The role of comparison in the acquisition of novel adjectives. *Developmental Psychology* 36, 571–81.
Werker, Janet, Valerie Lloyd, Judith Pegg and Linda Polka. 1996. Putting the baby in the bootstraps: Toward a more complete understanding of the role of the input in infant speech processing. In J. Morgan and K. Demuth (eds.), *Signal to syntax*. Mahwah, NJ: Erlbaum, 427–47.
Wexler, Kenneth and M. Rita Manzini. 1987. Parameters and learnability in binding theory. In T. Roeper and E. Williams (eds.), *Parameter setting*. Dordrecht: Reidel, 41–76.

Wilson, Bob and Ann Peters. 1988. What are you cookin' on a hot? *Language* 64, 249–73.
Wolf, Dennie and Howard Gardner. 1979. Style and sequence in symbolic play. In M. Franklin and N. Smith (eds.), *Symbolic functioning in childhood*. Hillsdale, NJ: Erlbaum, 117–38.
Wynn, Karen. 1990. Children's understanding of counting. *Cognition* 36, 155–93.
　　1992. Children's acquisition of number words and the counting system. *Cognitive Psychology* 24, 220–51.
Xu, Fei.1998. Distinct labels provide pointers to distinct sortals for 9-month-old infants. *Proceedings of the 22nd Boston University Conference on Language Development*, 791–96.
Xu, Fei and Steven Pinker. 1995. Weird past tense forms. *Journal of Child Language* 22, 531–56.
Yoshinaga, Naoko. 1996. *Wh*-questions: A comparative study of their form and acquisition in Japanese. Ph.D. dissertation, University of Hawaii.

索　引

（所注页码为英文原书页码，即本书边码。）

acquisition device 182–90
　two views of 183–90
adjectives 67–72
　color 70–71
　number 71–72
　size 68–70

babbling 148–51
　across languages 149–51
Basic Level Assumption 53–54
'Be Conservative' Law 192–93
bootstrapping 62–64, 186
building sentences 80–81, 110–11
　blueprint for 186–87

Canonical Sentence Strategy 123–24
CHILDES 5
cognitive constraints 53–54
compounds 28
　and stress 37
　and the plural 37–38
　errors in 33–36
comprehension
　in the one-word stage 116–17
　in the two-word stage 117–19
　of *easy-to-see* patterns 128
　of overextensions 48–50
　of passives 120–24
　of pronouns 130–35
　of quantifiers 138–41
　of reflexive pronouns 131–35
　of understood subjects 124
connectives 111
conversion 26–27
　errors in 29–30

deletion 153–55
derivation 27
　errors in 30–33
diary 4, 198–99

easy-to-see patterns 128
every 138–41
expressive children 43–44

fast mapping 50–52, 197
fill 66–67
forget 64–65
FOXP2 181–82

generalization 191–96
　see also overgeneralization
grammar 80–81, 183
　early development 81–82
　missing pieces 90–96
　pivot words 86–87
　word order 88–90
　see also Rules

holophrase 114
　see also one-word utterances

imitation 164–67
inflection 18–26
Informativeness Principle 115
inherited language capacity 180–82

learning 190
　see also generalization
　analytic 11
　and recasts 169–75, 196

categories 184–86
gestalt 11
statistical 189
styles 10–11
U-shaped 22
light verbs 97–98
linguistic constraints 56–58

mama 7
matching errors 17–18
Matching Strategy 16–18, 196
Mean Length of Utterance (MLU) 83–85, 202–03
meaning
   first 40–61
   of adjectives 67–72
   of nouns 41
   of prepositions 72–75
   of verbs 61–67
methods for studying child language
   experimental 4
   naturalistic 4–5
Minimal Distance Principle 125–28
missing pieces 90–92
   developmental order 94–96
   direct objects 90
   small pieces 92–96
   subjects 90–92
   verbs 90
motherese 176–78
   in other communities 177–78
   role in acquisition 177–78
Mutual Exclusivity Assumption 58–61, 187–88

names 56–58
necessary input 178–79
negatives 96
   no vs. *not* 97
   sentence-initial 98–99
nouns 41
   and bootstrapping 184–86
   irregular 24–25
   why acquired first 42–44
numbers 71–72

one-word utterances 114–17
organizational constraints 58–61
overextensions 44–50

basis for 45–47
deliberate 48–50
in comprehension 48–50
overgeneralization 22–26, 32
   correcting 193–96
overregularization *see* overgeneralization
oversegmentation *see* matching errors

passives 120–24
past tense 21, 62–64
perception 145–48
   and spelling 147–48
   of consonants 144–45
   vs. pronunciation 146–47
perspective shifting 77–78
pivot words 86–87
plural 19–21, 192–93
   and compounds 37–38
pre-natal listening 143–44
prepositions 72–75
   errors 73–74
Principle of Contrast 195–96
productivity 30
promise 65–66, 126–28
pronouns 75–78
   form of 99–102
   in stories 135–36
   Plain Pronoun Rule 132
   plain pronouns 130–35
   Reflexive Pronoun Rule 132
   reflexive pronouns 131–35
   reversal 75–78

quantifiers 138–41
questions
   wh- 103–06
   yes–no 106–10

recasts 169–75
   and Principle of Contrast 195–96
   and timing 175
   helpfulness of 173–75
   in other cultures 175
   timing of 175
referential children 43–44
relative clauses 112–13
rules (big vs. little) 89–90, 119, 193

schwa 160
segmentation 9–10
 and consonant combinations 14–16
 and stress 13–16
 errors 10
 see also word finding
setting a good example 169–75
simplicity of form 30
social constraints 54–56
Social Strategy 55–56
sounds *see* speech sounds
speech sounds
 adjustments 153–59
 early 151–53
 early consonants 152–53
 early vowels 152
 how produced 204–06
 see also perception
spelling 147–48
spotlights 13–16, 160–63
 Spotlight Strategy 196
stress 13–16, 159–63, 189
 and compounds 37
substances 57–58
substitution 155–59
 denasalization 156
 fronting 156–57
 gliding 156
 stopping 155–56

taping children's speech 4–5, 199–201
 tips for 200–01
teaching 167–69
telling stories 137–38

transcripts
 preparation of 201–02
 transparency in meaning 34
 Type Assumption 53–54

underextensions 44–45
Universal Grammar 184
U-shaped learning 22

verbs 61–67
 accomplishments 62
 activities 62
 as nucleus 87
 difficult 64–67
 irregular 21–24, 25–26
 light 97–98
vocabulary spurt 8

wh-questions *see* questions
Whole Word Assumption 53–54
word finding 12–18
 see also segmentation
word order 88–90
words
 compounding 28
 conversion 26–27
 creation 26
 derivation 27
 errors in 28–36
 first 7
 rate of learning 8
 wh- 102–06
"wug" test 20

yes–no question *see* questions